成功者だけがやっている

運を引き寄せる27の習慣

習慣を変えれば、
運気が上がる

天道象元 著

はじめに

頑張っているのになぜかすべて空回りしてしまう人がいます。うまくいっている人との違いは努力に違いないと思い、誰にも負けないように夜遅くまで働いているはずなのに、なぜか思うように結果が出ないのです。

私の経営コンサルティングへ相談に来られる人は、みなさん共通してこのような悩みを抱えていました。でも、話を聞けば聞くほど、努力が不足しているとは到底思えません。むしろ、「少し頑張りすぎではないですか」と体を心配したくなるほど頑張っているのです。これでもかというほどがむしゃらに頑張っても芽が出ない人がいる一方、世の中には、失礼ながらそれほど努力していそうには思えないのに、なぜかうまくいっている人もいます。

あなたは、この違いを何だと思いますか。私は長い間、このことが疑問で仕方ありませんでした。成功する人としない人の違いとはなにかを繰り返し考えてきましたが、ようやく一つの答えにたどり着くことができました。

その答えとは、「運」でした。頑張っているのにうまくいかない人とそうでない人の違いは、「運」に味方されているかどうかだったのです。実はこの「運」というものは、誰もが生まれた瞬間に授かる本質的な要素です。この要素には、「運」の他に「生命」と「気」の2つがあります。これらは『運＝生命＝気』という関係があり、それぞれの要素がお互いに影響し合うという特徴を持っています。

「運」を引き寄せるには、この3つの要素をいかにうまく操るかが大事であることがわかりました。一般的に考えると、「運」に頼る人は怠け者だと思われます。しかし、どんなに分析をしてみても答えは同じ。「運」を味方にできているかどうかが、成功するか否かの分岐点でした。「運」を味方につけることができれば、お金はもちろん、豊かな人脈に恵まれ、自分のやりたいことがどんどん実現していきます。それも、あなたが想像もしない奇跡的なきっかけでチャンスが訪れるようになります。

本書では、誰でもその「運」を動かして成功できるよう、私が45年という歳月をかけて分析し体系化したノウハウを紹介しています。本書にあるノウハウは、単にラッキーを引き寄せるだけではありません。古くから伝わるこの世の中の原理原則を土台に、脳科学や心理学、統計学などを体系的に組み立てた、「運」を活用して成功するためのオリジナルメソッドです。私が本書を通してあなたにお伝えしたいことは、「人はみな、必ず成功できるようになっている」ということです。はっきりと断言できますが、この世の中に成功できない人などいません。でも、実際には成功できる人とできない人がいる……。本文中では、その違いについてもきちんと説明しています。

本書を読めば、今のあなたが成功するのに必要な考え方や具体的な方法を知ることができますし、これまで一生懸命頑張ってきたのになぜうまくいかなかったのか、その理由もわかります。難しくて、自分ひとりでできないような方法は一切書いてありません。日常で簡単に実践できる方法を詰め込みましたので、読み終わったらその日から実践していけます。私はこの方法で、実際に約3万人以上を成功に導いていますから、きっとあなたもうまくいくはずです。知っているかいないかの違いは、成功するための大切な要素です。幸いあなたは、本書を手に取り、成功者だけが知っている、「運」を引き寄せる方法を知るきっかけを掴んでくださいました。

本書を開いたからにはもう大丈夫です。あなたの成功は約束されたと思って、読んでみてください。あなたの成功は、すぐそこまでやってきているのですから。

「帝王気学」創始者　天道象元

Contents 目次

Contents 目次

CHAPTER 4

良縁運を引き寄せる9の方法

CHAPTER 5

健康運を引き寄せる9の方法

CHAPTER
1

運を引き寄せたら幸せな成功者になれる

SECTION 01

「能力が10%、運が90%」

成功するためには、誰よりも努力しなければならないと思っている人は多いですが、それは誤解です。残念ながら、ただ努力するだけでは成功できません。成功するために最も必要なのは、努力ではなく運です。

私たちは、幼い頃から努力の大切さを教えられます。そのせいか、ラッキーでうまくいった人よりもコツコツと努力し続けた人の方を称賛しがちです。それはもしかしたら、偉人たちが、努力の大切さについて言葉を残しているせいもあるかもしれません。エジソンは「天才は1%のひらめきと99%の努力」といい、アインシュタインは「天才とは努力する凡人のことである」といったといわれています。世間から天才と呼ばれる人ほど努力の大切さを語るせいもあって、ついつい私たちは「成功は努力の量で決まる」と思ってしまうのです。

努力が無用とはいわないまでも、成功するための本質はそこではありません。でも、成功の本質とはなんなのか、あるいは成功するために何が必要なのかについて教えてくれる人はいません。成功者の中でも成功の本質に気付いている人はごくわずかです。だからこそ、努力の素晴らしさばかりが一人歩きしてしまうのです。本屋に行けば、成功するためについて書かれた本がいくつもあります。また、起業セミナーに行けば、多くのビジネスマンや起業家たちが成功するために学んでいます。もしかしたら、あなたもそのひとりかもしれません。自分を高めるために日々学ぶ姿勢は素晴らしいものです。いつか成功する日を夢みて日々努力を重ねる姿は、誰の目にもまぶしく映ります。

ただ、そうした努力を続けていくなかで、これだけ努力すればきっといつか努力が実るだろうと期待していないでしょうか。もしもそういう期待が少しでもあるなら、ぜひこれから私がいうことを聞いてください。

成功するためにあなたが今行っている努力はけして無駄ではありませんが、成功するための本質を知らなければ、成功までの道のりが長くなります。最短距離で成功したければ、成功の本質である、あるひとつの法則を知らなければいけません。この法則さえ身につけていれば、今あなたが日々積み重ねている努力は必ず実ります。しかも、実際の努力の量よりも大きな成功を手にできる可能性があります。

その法則とは、『10：90の法則』と呼ばれます。

『10：90の法則』とは、成功の鍵を握るのは運であり、個人の能力はほんのわずかしか影響しないというものです。成功に必要な能力と運の割合は10：90。個人の能力が影響するのはたったの10％程度で、なんと90％が運で決まるというのです。この法則について実際に口にしたのは、経営の神様として親しまれている松下幸之助です。松下幸之助は、生前このようにいったといわれています。

「人間万事、世の中のすべては天の摂理で決まる。運が90％、あとの10％だけが人間のなしうる限界だと思う。これは世間でいう運命論とは違うのです。つまり、私のいいたいことは、宇宙大自然に逆らわず、むしろ宇宙や大自然に溶け込んで、これに一体になり切ってしまう。これが人間の本当の姿であり、その結果現れてくるものが世の中でいう成功とかあるいは億万長者といったことにあるのではないだろうか」

実際、同じだけの能力があっても、成功する人としない人がいますよね。その理由は、この『10：90の法則』で説明することができます。成功できた人は運を味方につけることができ、成功しなかった人は運に恵まれなかった。たったそれだけなのです。逆にいえば、運さえ味方につけることができれば、どんな人でも成功できます。成功は運次第。運さえ味方につけられれば、誰でも成功できる。そう聞くと、少しワクワクしてきませんか？

成功は運が90%

SECTION
02

「自分の天才性を開花させよう」

成功している人を見て、「あの人はラッキーだった」とか「もともと環境に恵まれているから」と口にする人がいます。そう聞くと、あたかも成功できる人はあらかじめ決められていたかのようにもとれます。

たしかに私は先ほど、成功は運次第だといいました。しかし、成功者はあらかじめ決められているわけではありません。今成功している人は、けして天から選ばれたわけではなく、運を引き寄せ、うまく動かせているだけです。成功するのに必要な運は、すべての人が平等に手にできます。ですから今は自分の理想の成功を手にしていなくても、あなたにだって十分にチャンスがあります。自分にもきちんとチャンスがあることを知り、運を動かせるようになれば、成功を手に入れられます。

では、どうしたら成功するための運を手にすることができるのでしょうか。成功するための運を引き寄せ、うまく味方につけるには、まず自分の天才性を開花させることが大切です。天才性と聞くと、より一層限られた人にしか与えられない能力のように思えますが、人は誰でも秘めた天才性を持っていますから安心してください。ここでいう天才性とは、生まれ持ったあなただけの才能のことであり、努力で後天的に身につけるものではありません。努力だけでなんとかしようとしても、本来備わった天才性を開花させることはできません。

そもそも天才性とはどのようなものなのでしょうか。天才性とは、その人が苦労せずとも自然にできることであり、かつ本人の希望にかかわらず人から頼まれたり認められたりする才能のことです。スポーツや音楽といったわかりやすい才能とは限りません。私のように人の運気を読み解くことに長ける人もいれば、お金を扱うのが得意な人、デザインが得意な人、料理や掃除が得意な人など、本当に人それぞれです。

天才性が開花し、本人がそれをうまく活かせるようになると、自信に溢れどんなことにも積極的にチャレンジできるようになっていきます。積極的になれることで、それに呼応するように環境や人間関係も大きく変化していきます。それだけではありません。お金や働き方の悩みも、自分の希望通りのものへと変わっていきます。こうした素晴らしい変化の積み重ねが、結果として成功へと導いてくれるのです。天才性を活かせるようになると、無理なく自然な流れであるにもかかわらず、自分のしたいことを軌道に乗せることができ、いい人にも恵まれやすくなります。ラッキーといいたくなるようなチャンスが舞い込んだり、嬉しい引き立てにあったりする機会が増えます。運の波に乗ってスイスイと成功への道を進んでいけるようになるのです。

一方、天才性を活かさず努力一本で成功を掴もうとした場合、人間関係や環境においてなかなかうまくいきません。どんなに頑張ってもなかなか現実が変わらず、不安やストレスの多い状態が続きます。休みなく働いているはずなのになかなか成功のきっかけが掴めないと、悔しい思いを抱きがちです。

もしも今、あなたがお金や人間関係、仕事、健康面で何かしらのストレスを抱えているのなら、それはせっかく備わっている天才性が活かされていない証拠です。なぜなら天才性は、言葉のとおり天から与えられた才能であり、自分の天才性に気付き大切に磨いていくことで、必ず成功し幸せになれることが約束されているものだからです。

これからは活躍するなら天才性が欠かせない

天才性を開花させることとは、今後ますます重要になってきます。それは、天才性を活かすことが成功への早道だからという理由もありますが、もう一つ大きな理由があります。その理由には、ここ数年で起こりつつある時代の変化が関係しています。

今、時代は大変革期を迎えています。これまで当たり前だった常識や価値観が覆され、柔軟で多様化した考えに人々がシフトしているような時期です。

例えば、ビジネスの世界でも大きな変化が起きていますよね。リモートワークや在宅勤務、オンラインセミナー、オンライン飲み会など、従来ではあり得なかったシステムや制度が急に導入されるようになり、変わるための対応を迫られた人も多いのではないでしょうか。このような変化を、自由で楽な生活様式だと感じる人もいるかもしれませんが、実は全く逆です。これこそまさに、完全成果主義社会のスタートといえます。

これからの時代では、あなたの頑張っている姿は周囲に伝わりにくくなり、結果だけで評価されるようになっていきます。人間関係も、繋がりが希薄になることによって、あなたの本当の姿や秘めた素晴らしさが伝わりにくくなっていきます。

先ほど、天才性を活かさず努力だけで成功しようとした場合、人や環境においてなかなかうまくいかないことが多くなるといいましたが、今うまくいっていないと感じる人は、さらに拍車がかかっていくでしょう。

だからこそ今、あなたが自分の秘められた能力に気付き、天才性をどんどん磨いていくことが大切です。そうすることで、これからの新時代の波をスイスイと乗りこなし、成功者として輝くことができます。これまで一生懸命頑張ってきたのになかなか芽が出なかった人こそチャンスです。あなたが思うような成功を手にできなかったのは、ただ、知らなかっただけ。本書に書かれていることを読み、しっかりと実践することでみるみる日常が変化していくはずです。

では、いったいどのようにすれば自分の天才性を開花させることができるのでしょうか。次からは、自分に秘められた天才性を開花させる方法について詳しく説明していきます。

SECTION 03 「天才性を開花させるために必要な三大資産」

成功は運次第だと聞くと、「何もしない方がかえって成功できるのでは？」と思った人もいるかもしれません。たしかに、間違った努力はしなくてよいですが、何も動かずにいればいいというわけではありません。

仮に天才性に気付けたとしても、それを発揮できなければせっかくの天才性も台無しです。なぜなら、天才性は現実の生活で活かされることによってはじめて輝くものだからです。天才性を開花させ輝かせるためには、人生の三大資産と呼ばれる、ある3つの資産を備えておく必要があります。その3つの資産とは、「お金」「人間関係」「健康」です。

いきなり三大資産という言葉が出てきて、少し戸惑っているかもしれませんから、わかりやすく説明します。あなたに秘められた天才性を、美しい花の種にたとえて考えてみましょう。もし、今ここに美しい花を咲かせられる種があったとしても、そのままにしておくだけでは芽が出ませんよね。人を魅了する美しい花を咲かせるには、土を用意し毎日水をあげなくてはなりません。それから、その種に適した環境を整えてあげる必要があります。人の成功もそれと同じで、潤沢な資産（お金）や円滑な人間関係そして健康は、成功者にとって必要な要素なのです。

あなたが新しい事業をはじめたいと思っても、ひとりでできることは限られています。事業をはじめるための資金や人脈は必要不可欠ですし、事業を興し経営していける体力がなければすぐにダメになってしまいます。そうならないためにも、しっかりと三大資産を備えなくてはなりません。

【人生の三大資産：お金】

撒いた種から芽が出たら、さらに成長するように毎日水を与えますよね。植物は水がなければ成長できずに枯れてしまいますが、必要以上に与えすぎても根腐れします。

実はお金もこれとよく似ています。お金がなければ、目先の収支に囚われてしまい、学びを深めたり新規事業を興したりなど、思い切った挑戦ができなくなります。ビジネスがうまくいかなくなれば、当然日々の生活にも影響が出てきますね。毎日の生活が不安定になってしまうと、とにかく今日をどのように過ごしたらいいのかという不安で一杯になります。そのような精神状態では、人間関係や心身にも悪影響です。

世の中には様々な価値観を持っている人がいて、「お金がすべてではない」という人もいます。それには私も同感ですが、お金持ちになりたいと思うことや実際に豊かになることはとてもいいことです。よくないのは、お金に執着しすぎて独り占めしようとする心です。

ここで、お金の本来の性質についてお話ししましょう。私たちの身近な存在であるお金には、扱う人によってその価値が変わるという性質があります。つまり、あなたの扱い方によっては、お金は人を幸せにし、豊かにしてくれますが、扱い方を変えれば、あなたを不安にさせ不幸にしていく要素も持ち合わせているということです。水をやりすぎると根腐れしてしまうけれど、適量を与えれば大きく成長していく植物と同じように、自分にふさわしい額のお金をうまく扱えるようになることで、人として大きく成長し成功者へと近づくことができます。

三大資産のうち、多くの人が気になるのがお金です。ですから、もう少しお金というものについて掘り下げてみましょう。まずは、お金がある場合とない場合の成功に対する違いについて説明します。

お金があると、自分のしたいことが躊躇なくできるようになります。あなたには、もしお金があったらやりたいと考えていることがありませんか？

あなたの考えるやりたいことにいくらお金が必要なのかはわかりませんが、もし、今十分なお金があったら、いつかを待たずに今すぐできるようになります。お金が足りないうちは我慢することも多いのが普通ですが、その我慢がなくなっていきます。我慢がなくなると、不思議なことに物事に対する不平不満も少なくなっていきます。「あの人はいいな」と人を羨んだりすることも少なくなるはずです。いつもニコニコしていられるようになるので、その笑顔に人々が引き寄せられ、ますますあなたは豊かになっていきます。

では、お金がない場合はどうでしょう。お金がないと、自分のしたいことをするというよりも日々をどうやり過ごすかで精一杯になります。日々の生活や目先の資金繰りが滞らないことばかりに気を取られてしまうので、挑戦する意欲も徐々に減っていきます。現時点でお金に対してストレスを感じていないと思っている人であっても、本当はたくさんやりたいことを持っている場合があります。一見悩みがなさそうでも、本音を聞くと「できればもっと稼げるようになりたい」という声が出てくるケースは山ほどあります。

叶えられないことを願ってしまうと人はストレスを感じるため、ストレスを減らすために夢や希望を持たないようにします。欲がないのも悪くありませんが、ただなんとなく過ごしているだけの状態の人は少なくありません。「やってみたいことは？」と聞かれて、何も思い浮かばなくなったら黄信号です。

先ほど、お金は扱う人によってよくも悪くもなるとお伝えしました。本来はどちらでもないはずなのに、お金はよいものであるという認識よりも、お金は悪いもの、あるいは手に入らないもの、自分には縁がないものなどと、ネガティブに考えている人がたくさんいます。もしかしたらあなたにも心当たりがあるかもしれません。

現在のあなたのお金に対する価値観は、幼い頃からの環境や教育が影響していることがほとんどです。小さい頃にどのような言葉を浴びて育ってきたのか、あるいはどんな出来事があったのかという原体験によってお金との付き合い方が決まってきます。

ポジティブな考え方や経験が培われれば、おそらく今もお金に対してポジティブな現実が起きているはずです。仮に収入が減ることがあったとしても、必要以上に不安になったりしないで、平常心でいられます。反対に、ネガティブな考えや経験があると、お金を扱うことや豊かになることに対してよく思っていないので、そういった現実ばかりがやってくるようになります。

「お小遣いが欲しい」というあなたに、ご両親はどのような顔をされていたでしょうか？

裕福な知り合いに対して、家でどのような会話がなされていたでしょうか？

人と何かを分け合うとき、どのような雰囲気でしたか？

日常の些細な出来事かもしれませんが、そのとき起きていたことが、あなたのお金に対する価値観の土台です。有り余るだけのお金を持っていても、自分や自分の許した人にしか使えない人もいますし、見ず知らずの他人を助けるためにお金を出し惜しまない人もいます。自分の資産を守ることは大切ですが、守銭奴のようになってしまう人も、ネガティブな価値観から抜けられていない人だといえます。お金に対する価値観は、お金の多少では変わらないということがポイントです。

今あなたの状態がどうであれ、まずはお金の本来の性質を知っておきましょう。お金とは、扱う人によって価値が変わるものであるということを頭にしっかり入れておきましょう。今までがどうであっても関係ありません。大切なのはこれからです。これからあなたが、どう考え行動するかで、未来は変わっていきます。どんなふうに成功したいのかは人それぞれですが、あなたが望む成功に必要なだけのお金は得られるようにできています。

【人生の三大資産：人間関係】

人間関係は、先ほどたとえた花の種に必要な3つのもののうち、環境だと考えられます。素晴らしい花を咲かせる種があり、毎日きちんと水やりをしていても、環境が悪ければ、弱々しく育ってしまうかもしれません。もしかしたら、花を咲かせる前にダメになってしまうかもしれません。人の成功も全く同じで、誰と一緒に過ごすかによって人生の豊かさは全く違ってきます。

今あなたは、どんな人たちに囲まれていますか？

仕事で関わる人たちはもちろん、友人や家族との関係を一度振り返ってみてください。客観的に考えてみて、あなたの理想通りの関係性が築けているかどうかが大切です。成功者といわれる人たちの中には、孤独を感じている人もいます。お金はあっても思いを分かち合える人がいない状態は、けして幸せとはいえません。私は、あなたに幸せな成功者になってもらいたいと思っていますし、幸せな成功は、お金の豊かさだけではなく、豊かな人間関係も欠かせないと思っているからです。

では、人間関係とはどのような状態が理想なのでしょうか。人間関係がどのように成功と関係しているのかをお伝えします。

よい人間関係が築けている人は、いつもニコニコしていて陽の気に溢れています。おかげさまの心をもっていられるので、引き立てにあったり思ってもみないチャンスに恵まれたりと、周りからサポートされます。本人が困っているときや失敗したときは、応援してくれたり前を向けるよう励ましてくれたりする人が現れます。

よい人間関係を築いていると、このような良縁が巡ってきます。楽しいことを共有できる人がたくさんいるので、絶えず笑顔でいられ、心が豊かになっていきます。

一方、あまり人間関係がうまくいっていない人は、嫉妬や陰口の多い人たちに囲まれています。自分以外の人の幸せや成功を応援できないため、常に人に対して不信感や不安感が付きまといます。そのような人間関係の中で過ごしていると、自分も陰で何かいわれているのではないかと思いますよね。そうなると、失敗が怖くなるためなかなか思い切った挑戦ができません。やりたいことがあっても人の反応の方が気になるので、いつまで経っても思いきれずに、モヤモヤしたストレスが蓄積していきます。自分が思い切ってチャレンジできない横で、自分の好きなことをやって楽しそうにしている人を見ると、ついつい悪口をいいたくなる。そんなループを繰り返しているのです。

チャンスや縁は大抵の場合、人が運んできます。だからこそ、人は大切にすべきなのです。でも、そう伝えると、多くの人がこれから出会う人だけに意識を向けようとします。大切にするのは、これから新しく出会う人たちだけではありません。今、あなたの周りにいるひとりひとりを大切にしましょう。

あなたの家族はもちろん、仕事を手伝ってくれる人やたまに会う友人、食事に行ったレストランのウエイターや、コンビニのレジスタッフに対しても親切でいる方がよいです。あなたの人生に登場する人は、いい悪いに関係なく、今のあなたにふさわしい人たちだといえます。ついつい、いいことをもたらしてくれる人だけを特別扱いしたくなりますが、嫌な思いをした人に対しても分け隔てなくお付き合いしましょう。嫌な出来事があっても、それにどのような意味が隠れているのかを考えられるようになると、あなたの人に対する接し方が変わってくるはずです。あなたの接し方が変わると、周りの人たちのあなたに対する扱い方も変わります。最初の印象の良し悪しだけで人を判断しないで、すべて自分の成功のために登場してくれていると考えれば、あなたの人間関係はどんどんよくなります。今は、人とつながることが難しくなりつつあります。人と接しなくても、ボタン一つで買い物ができたりお金を稼げたりする時代だからです。しかし、そのような時代になったとしても変わらないことがあります。それは、人は支え合って生きていくことで人生が充実し幸せになれるということです。このことは、これから先もずっと変わらない真理です。

画面の向こう側にも人がいます。そのようなことを意識し続けるのは容易ではありませんが、普段からそのように考え行動できる人ほど、よい人間関係に恵まれます。

【人生の三大資産：健康】

天才性を開花させるために必要な人生の三大資産の最後は、健康です。健康は、花の種に必要なものの中でいえば、土に該当します。土がなければそもそも種を撒くことができませんし、良質でなければしっかりと根が張りません。しっかりと根が張らないと、成長できても弱々しく、ちょっとした天候の変化や環境の変化に負けてしまいます。人間も同じく、元気で丈夫な体がなければ、せっかくチャンスが舞い込んできてもそれを掴み取って自分のものにしていくことができません。「体は資本」とよくいいますが、まさにその通りです。健康はすべての土台であるといっても過言ではありません。

「今病気になっているわけじゃないから、自分は大丈夫」と思った人は、ちょっと待ってください。【健康＝病気じゃない】ではありません。健康というのは、体はもちろんですが心の状態も指します。

いつも朗らかに笑っていますか？

ストレスがなくゆとりのある日々が送れていますか？

あなたの健康状態は、今どのような感じでしょうか。今日一日だけでなく、昨日はどうだったか、ここ一週間あるいはこの一ヶ月はどうだったのかを振り返ってみてください。冷静に振り返ってみると、気分の波が激しかったり体調がすぐれずやる気が出なかったりした日があることに気付けるのではないでしょうか。

健康なときは、人は前向きな思考になり活発に動けるようになります。自分にとって難しい課題がやってきても、挑戦する意欲がどんどん湧いてきます。笑顔でいられる時間も多く、その笑顔に引き寄せられるように気のいい人たちが集まってくるようになります。

それだけではありません。健康な状態だと、やらなくてはならないことだけでなく、遊びにも全力投球できます。やらなければならないことばかりで遊びからかけ離れた日々を過ごしている人がほとんどかと思いますが、遊ぶという感覚は、成功するためにも持ち続けたい大切な感覚です。ダラダラと仕事をして長時間労働をするよりも、やるときはやると決めて集中し、自分の好きなことをするための時間をきちんとつくれる人の方が、より幸せになれます。仕事が遊びのように楽しいならいいのですが、遊ぶという気持ちの余裕がなくなると、人の心は次第に窮屈になってしまうのです。毎日笑顔でストレスもなく、仕事も遊びも全力投球できるようなメリハリのある過ごし方が理想です。

では、健康でないときはどうでしょう。健康ではないときは、心も身体も不安定な状態ですから、当然仕事は集中できません。集中できないので、効率も上がらずいい閃きもなくなるでしょう。挑戦するどころか、目先のことをこなすのに精一杯になってしまうので、先を見通す余裕もなくなります。先の見通しが立たないので、思い切った判断もできません。常に不安が付きまとい、活発な人が羨ましく思うようになります。そうやって陰の気ばかり放つので、人やチャンスも遠のいてしまうのです。

私が考える成功に必要な健康とは、常にベストな状態でいられることです。踏ん張りどきにしっかりと踏ん張れるだけの体力があること、ピンチのときにも揺らがない強靭な精神力を持ち合わせていることが大切です。

SECTION 04

「三大資産を手に入れるための三大運」

三大資産の大切さを理解しただけではまだ不十分です。今すでに十分な三大資産に恵まれている人はいいですが、おそらくこの本を手にとってくださっているあなたは、自分の理想の状態、自分が思う成功にまだ手が届いていないのではないかと思います。だからこそ、この本を手に取ってくださったのですよね。

ですから今度は、人生の三大資産（お金・人間関係・健康）を手に入れるためにどうすればいいのかをお伝えしていきます。人生の三大資産を手に入れるのに必要なことは、三大運を味方につけることです。人生の三大資産が理想の状態にないとき、三大資産を手に入れるための三大運が不足しています。

三大運とは、金運・良縁運・健康運の3つです。お金については金運、人間関係は良縁運、健康は健康運が関係しています。三大資産を3つとも一気に手に入れられる方法はなく、それぞれの資産を引き寄せるための運気を動かしていく必要があります。

ではさっそく、三大運について理解していきましょう。今のあなたの運気の状態を把握していただけるようチェックリストもご用意しましたので、ぜひ取り組んでみてください。

【三大運：金運】

三大運における金運とは、お金を中心とした豊さと関連する運のことです。現金そのものだけでなく、土地や不動産など経済的な豊かさにつながるものに関わります。

三大資産のところでは、お金の価値は扱う人によってよくもなるし悪くもなる、あらかじめ決められた価値があるわけではないとお伝えしました。実は、お金には実態がありません。確かに紙に印刷されているお札、硬貨は目に見えて触れるので実在するのですが、運を引き寄せるという考えのもとでは、お金は実態のないものとして扱います。本当は実態がなく、豊かさに関係する波動が集まり、その集まった波動が見えるものに置き換わっているというのが、私たちが扱っているお金の正体であると考えるのです。

さて、今あなたは、私が既に説明した三大資産を手に入れるために必要な三大運のひとつ、金運について学んでいるわけですが、あなたは普段、金運についてどのくらい意識していますか？

神社へ行くと、金運に効果のあるお守りが売っていたり、パワーストーンショップへ行くと金運アップに効果的な石が売っていたりします。金運という言葉は、私たちの生活の中にごく自然と馴染んでいて、金銭的にピンチなときは、神社へ行き「金運が上がりますように」とお願いします。あなたも神様にそうお願いしたことが、一度くらいはありますよね。

でも、勘違いしないでください。神社へ行くことはとても素晴らしいことですが、神社へ行ったからといって、それだけで金運がみるみる上がることはありません。金運を身につけるには、金運の波動と同じもしくはそれに近い波動を自分自身が放つ必要があります。

金運を引き寄せるにはどうしたらいいのかは、これから本書の中で順番に説明していきます。ここではまず、お金の正体は豊かさに関する波動の集合体であり、実態がないことを頭に入れていただくことが大切です。そして、それは扱う人によって価値が変わることも忘れないでください。

お金や金運の性質についてわかったら、次は、実際の生活の中で起こる出来事の中で、どんなことが金運に関係しているのかについて説明していきます。金運がいいときというのは、お金自体の流れがよく、その流れがいい方向へ動いていると感じるときです。たとえば日常の中では、このようなことが起こります。

・お店にあるちょっとしたクジに当たる
・おまけをもらう
・忘れていたへソクリが出てくる
・貸していたものが返ってくる
・成約できる
・プレゼンが成功する
・人から何かをおごってもらう
・お土産をもらう
・誰かから大切なものを譲り受ける（相続なども）

・食べ物など、お裾分けをもらう
・将来得になる話が舞い込む
・仕事につながる情報を得る
・プロジェクトのメンバーに選出される
・売り上げが上がる
・経営するお店が賑わう

一方、金運が悪いときは、お金の流れ自体はあっても、その流れの方向がどちらかといえばよくない方へ動いていると感じるときです。具体的には、次のようなことが日常で起きているときは、金運の流れがあまりよくない方へ動いていると考えてください。

・急に意図しない支出が増える
・支出が重なり心配や不安が増える
・損失が大きくなる

・お金のトラブルにあう
・売り上げがなかなか伸びない
・人が集まらない
・人が離れていく
・事故にあったり、事故現場に遭遇したりすることが増える
・取引先に断られることが続く
・不安を煽るような情報が舞い込む
・売上が下がる
・財布を落とす
・欲しいものが値上がりする
・ものを無くす
・盗難に遭う

このようなことが立て続けに起こります。後ほど紹介しますが、私がこれまでに経営相談を受けた方々も、仕事でよくないことが立て続けに起きていたときは、金運自

体にも陰りがあり、お金に不安を持っていらっしゃいました。このようなことを聞くと、自分は大丈夫なのかと少し不安になってしまうかもしれませんが、心配無用です。金運は、急激に変わることはありません。大抵の場合、徐々に変わっていきます。ですから今、悪い方向へ傾いているような気がしているなら、そのまま悪い方へ突き進まないように対策し、運の流れの方向切り替え、いわば金運の進路変更をしてあげればいいのです。

金運の流れをよい方向へ切り替えるために、まず今のあなた自身が金運体質かどうかをチェックしてみましょう。次にお見せする「金運チェックリスト」で、あなた自身がよい金運を引き寄せやすい考え方を持っているか、実際に行動できているのかをチェックしていきます。誰かに見せるものではありませんし、点数を出して良し悪しを判断するものでもありませんから、正直に一つずつチェックしてみてください。

金運チェックリスト

次の質問について、それぞれ当てはまるものだけにチェックをつけてみてください。

□自分だけじゃなく、みんなが幸せになることを考える方が好き
□礼節を大切にしている
□みんなで会食するのが好き
□宝くじを買うときは、縁起のよい場所や日を気にする
□財布の中にあるお札は常に新札だ
□お金やお財布を大切に扱っている
□毎日意識して「ありがとう」をたくさんいっている
□縁起のよいお金を大切にとっておくことがある
□出費すると何故か同じくらいの金額が入ってくることがある
□誰かが見ていなくても、自然とよい行いをする習慣がある

今あなたにやっていただいたチェックリストは、この本の第3章「金運を引き寄せる9の方法」と関連しています。第3章をお読みいただくと、より詳しい解説や具体的な対策、考え方がわかるようになっています。先ほどもいいましたが、チェックがつかないからといって、あなたの金運が悪くなったりするものではありません。

あくまで金運を引き寄せやすい考え方や行いができているかどうかを客観的に判断するものですから、チェックがつかないのであれば、今後どのように変えていけばよいのかを第3章の中で学びとっていただければと思います。

【三大運：良縁運】

三大運における良縁運とは、三大資産でいう人間関係に関わる運のことを指します。良縁運は、人とのご縁に関わる運ですから、自分の周りにいい人を集めたければ、良縁運を引き寄せる必要があります。良縁運がよくなると、たくさんの人たちがあなたの周りに集まってきます。いわゆる人脈が豊かな人になれるのです。あなたの周りにたくさんの素敵な人たちが集まってくると、その人たちから発せられるよい波動が集結し、強い運気を引き寄せます。そしてさらにその波動に引き寄せられるようにして、人が集まってくるようになります。芸能人をはじめ業界で有名だといわれる人たちは、この状態を常にキープできている状態です。でも、そういう有名な人たちの中にも、「最近、あの人は見かけないね。今どうしているのかな」といわれる人が出てきます。

それは、良縁運が弱くなってしまっている状態です。

良縁運はあくまでも運なのですから、金運と同じように波があります。「落ち目だね」と揶揄されるようになったら終わりかといえば、けしてそんなことはありません。強い良縁運に恵まれることができれば、再び返り咲くことだって可能なのです。しかし、これも運次第。そして運はその人次第です。結局のところ、最後はその人自身の意思に関わってくるものでもあります。良縁というのは、お金のようにわかりやすい形があるものではありませんし、人とのご縁ですから、関係性のあり方が変化することもあります。

最初は仲がよかったのに、何かをきっかけに仲違いしてしまい、それ以来会えていない人が、もしかしたらあなたにもいらっしゃるかもしれません。このように、良縁運は引き寄せてもその後の付き合い方によってどんなふうにでも変化していきます。

また、良縁運は金運とは異なり、たくさんの人に囲まれていればいいというわけではありません。金運以上に、引き寄せた運の質が問われます。

この本を読んでくださっている人の中には、人気者になって自分のビジネスを加速させていきたいと思っている人もいるでしょう。良縁運がよくなってくると、確かにいい人たちが集まってきます。しかし、先ほども申し上げたように、人との付き合いは変化しますから、最初はよくても後から悪くなることもあります。このことが、良縁運を理解するうえで最大のポイントだと私は思います。人との関係が変化してしまう理由、それは人に「心」があることです。当然といえば当然ですが、人に「心」がある限り、それは一定ではありません。相手にも運気の波がありますから、いいお付き合いができるときとそうでないときがあります。それから、いい人だと思っていたのに、その人から裏切られるような思いをさせられることもあります。ですから、自分の周りに人が集まることだけがいいのではなくて、運を使って引き寄せた後に何をするかということも大切だということを忘れないでください。

良縁運と聞いても、その良し悪しはなかなかわからないと思います。良縁運の状態を知るには、実際の日常の中起こる出来事を振り返ってみるのが一番です。次に良縁運がよいときとそうでないときの違いについていくつか挙げてみましたので、今のあなたの人間関係の状態と照らし合わせてみてください。良縁運がいいときは、次のような人間関係が構築できているときです。

・周りの人たちが皆ニコニコしている
・自分にチャンスを与えてくれる人がいる
・人を紹介された
・自分のいないところで、褒めてくれた人がいる
・人から相談される
・困っているときに助けてもらえる
・人から褒められた
・上司や先輩など、目上の人から認めてもらえた
・期待をかけられている
・人から招待を受ける
・「話がしたいから」といって電話がかかってくる
・励ましあえる人がいる
・何か相手の大切なものを譲り受ける
・自分のやりたいことを応援される
・自分が企画したものに人が集まってくる

このように良縁運に恵まれているときは、周りが賑やかで、笑顔の数が多くなります。ポジティブな言葉が飛び交い、笑いも絶えません。

一方で、良縁運があまりよくない状態のときは、あなたの人間関係は次のような状態になっています。

・人の悪口をいう人がいる
・ネチネチした人がいて、雰囲気があまりよくない
・ミスを人のせいにする人がいる
・自分の悪い噂をする人がいる
・大勢の前で自分のことをけなす人がいる
・自分が企画したものに人が集まらない
・自分だけ誘われない
・人から騙される
・仕事や好きなことを邪魔される

・認めてもらえない
・何かをしても「ありがとう」といわれない
・孤独感がある
・人の輪の中に入れない
・話を聞いてくれる人や相談できる人がいない
・信用して仕事を頼める人がいない

自分が今どのような人間関係を構築できているのか、何か気付けたことはありましたか？　続いては、自分が良縁運を引き寄せやすい考え方や行動ができているのか、チェックリストを使って確認していきましょう。

良縁運チェックリスト

□ 良縁運を上げる考え方を知っている
□ 利他の心を意識している

□陰ほめを実践している
□信用と信頼の違いがわかる
□未来を決めて行動している
□「ツイている」ときに他人に貢献している
□受容している
□良縁があると信じて行動している
□他人のいいところを見つけて尊敬している
□トイレを積極的に掃除している

良縁運が大切な理由は、人生における三大資産のところでお話しました。私は、成功するためのチャンスは人が運んでくると考えています。ビジネスのチャンスは金運とも直結しますから、金運をよくしたりチャンスを増やしたりしていきたければ、人とのご縁が大切であり、ご縁を司る良縁運をよくすることが大切です。

【三大運：健康運】

健康運は、文字のとおり健康に関わる運のことです。健康運に恵まれると、いつも元気で過ごせ、病気になりにくい体を引き寄せることができます。私が考える理想の健康状態は、常にベストな状態で過ごせ、いつでも動ける準備ができている状態です。その状態なら、あなたにとってチャンスとなる出来事がやってきたときに、確実に掴み取り一生懸命取り組むことができます。

特にビジネスにおいては、大きな転機になるチャンスであればあるほど、長期戦であったり、肉体的、精神的にも踏ん張らないといけなくなったりします。「今こそ正念場」「ここを乗り越えよう」というときに、疲れやプレッシャーに押しつぶされて倒れてしまうような体や心では、大きな成功を掴み、成功者であり続けることができません。世の中の成功者といわれる人たちを見ると、皆共通してとても元気でパワフルです。中にはいつ寝ているのかと疑問になるような人もいますが、そのくらい元気なのです。

健康と聞くと、私たちはついつい食生活や運動について考えてしまいます。確かに食べ物もちゃんとエネルギーを発していて、その波動を取り入れることで体に影響をもたらすことはあるのですが、今回私がお伝えしたい健康運では、食べ物よりも、人の心や体のあり方や状態を重視します。健康運を理解するうえで重要なのは、健康運は運を受け取れる体と心を備えてくれるという考え方です。運を受け取れる状態とは、体の筋肉がほぐれ凝り固まったり、こわばったりしていない状態です。体の中の状態は、わかりやすくいえば健康診断で「問題ありません」といわれる状態がベストです。

また、顔色もよくストレスをほとんど感じません。そのような状態のときの人間の体は、気の巡りが非常によい状態です。気の巡りがいいので、引き寄せたいい運気をうまく活用できるようになります。ただ、体の気の巡りを目で確かめることはできません。ですから、金運や良縁運のところでもお伝えしたように、日常にもたらす状態の良し悪しで判断していきましょう。健康運に恵まれている状態は次のような状態のときです。

・風邪をひきにくくなる

- 体が軽く感じ、動きやすい
- よく眠れる
- 年齢よりも若く見られることが増える
- 健康診断の結果が良好
- やる気にあふれている
- 血色がいい状態で、肌にハリがある
- 太りにくくなる
- 浮腫みにくくなる
- いつもニコニコ笑顔でいられる
- 食べ物が美味しく感じる
- 怪我をしにくくなる
- いつも頭がスッキリしている
- 周りから「少し痩せた？」といわれることが増える
- 朝、スッキリ起きられる

一方で、健康運に恵まれていないあるいは不足しているときは次のようなことが起こりやすくなります。

・風邪をよくひくようになる
・体が重く、疲れやすい
・熟睡できない
・健康診断の結果がよくない
・やる気が出ない
・肌のハリがなく、顔色が悪い
・太りやすくなる
・浮腫みやすくなる
・あまり心から笑えていない気がする
・食事が美味しく感じない
・小さな怪我を頻繁にする
・頭がスッキリしない

・年齢よりもかなり年上に見られる
・朝スッキリ起きられず、起きた後も具合が悪い
・昼間によく眠くなる

続いては、健康運のチェックリストです。既にやり方はおわかりかと思います。次のチェックリストを使って、今のあなたが健康運を引き寄せやすい考え方や行動ができているのかを確認してみましょう。

健康運チェックリスト

□健康運を上げる考え方を知っている
□健康三大要素を知っている
□よく眠れている（最低でも5時間以上の睡眠ができている）
□時々、山や森など自然の多いところへ出かけ森林浴をする
□ストレスを溜めないために工夫をしている

□ワクワク感を大切にしている
□温泉が好きでよく出かける
□脳内ホルモンの効果を知っている
□生き甲斐といえるものがある、またはずっと続けている趣味がある
□自分は、よく笑うほうである

今行っていただいたチェックリストは、健康運を引き寄せやすい考え方や行動ができているかどうかを確認するためのものでした。チェックがついたものについては、ますますよくなるようにそのまま続けていただいて構いませんが、チェックのつかなかったところは、あなたの弱いところです。健康運については、第5章の「健康運を引き寄せる9の方法」というところで、具体的な考え方や行動習慣について説明していますから、そちらを参考にしてください。

第1章のまとめ

・成功するかは、本人の能力よりも運次第
・成功するには、自分の天才性を開花させなければならない
・天才性を開花するには、三大資産（お金・人間関係・健康）が必要
・お金を手に入れると、やりたいことがすぐにできるようになる
・人間関係を手に入れると、チャンスが増え、成功の機会が増える
・健康を手に入れると、チャンスを確実に掴めるようになる
・三大資産を手に入れるには、三大運（金運・良縁運・健康運）が必要
・金運とは、お金に関する運のこと。お金には実態がないことと流れがあることを把握する
・良縁運とは、人脈に関する運のこと。自分よりも他人の利益を優先して親切にする

・健康運とは、心と体の健康に関する運のこと。整えることで、運を受け取れる状態になれる

CHAPTER

2

幸せな成功者になるために運を引き寄せる

SECTION 01

「運の引き寄せに必要な要素を理解する」

【幸運とポジティブに関わる】

成功者に成功した理由を尋ねると、自分は「ただ、ラッキーだっただけ」と答える人が多いです。実際は、当然本人の努力も並々ならぬものがあると思いますが、運に恵まれたというのはおそらく事実でしょう。後から振り返ると、成功の転機は、不思議な出来事や縁に支えられていることがあります。

「神がかっていた」とか「タイミングがよかった」というのは、すべて運が関わる話です。この本の最初でお伝えした「10：90の法則」を覚えていますか？

「10：90の法則」は、成功は本人の能力ではなくて運次第で決まるというものでしたよね。自分はただ運がよかっただけという成功者は、まさにこの法則通りのことをしているのです。成功者に共通しているのは、本人が幸運であることと、ポジティブ思考の両方を持っていることです。幸運はいつも訪れるわけではありません。ときにはよくないことが起きたり、周りから見て明らかな不運に見舞われたりすることもあります。でも、成功していく人は、そういうネガティブなことが起きたときでも、その中に幸運のヒントが隠れていないかと考えます。

たとえば、次のような具合です。車の運転をしていたAさんは、高速道路でついスピードを出しすぎてしまい、警察に違反切符を切られてしまいました。はじめて仕事をする相手との打ち合わせの約束がありましたが、捕まってしまったことで約束の時間に間に合いそうもありません。

ここで普通なら、アンラッキーなことに腹を立て、自分を捕まえた警察に対してイライラするところですが、Aさんは「もしあのまま走っていたら、大事故になっていたかもしれない。確かに慌てていたし、事故を未然に防いでもらえたと考えよう。止められてよかった。約束の相手には素直に話して謝ろう」と考えます。

すると、約束相手から電話が入り、なんと相手は「15分ほど遅れてしまうので少し待っていてください」というのです。その後、Aさんも「実は私もこんなことがあって……」と話し、お互い遅れたもの同士で打ち解けることができ、本来の目的である仕事の話もスムーズに運びました。もし、Aさんがネガティブに考えていたらどんな未来が起こっていたでしょうか。イライラ運転をしていたら、本当に事故を起こしていたかもしれませんし、約束に間に合わないことに焦り、イライラし続けていたかもしれません。そんな状態で相手に会ってもいい印象を与えられませんから、仕事の話もうまく行かなかった可能性があります。

もちろんこれはたとえ話にすぎませんが、このようなことは日常でもよくあることです。成功する人は、ポジティブ思考を持っていて、ネガティブな出来事の中にも幸運のヒントが隠れていないかと考えるとお伝えしました。今回のこの話でいえば、スピード違反でつかまってしまったことはネガティブな出来事ですよね。でも、考え方を変えることで相手も時間に遅れるという、自分にとって都合のいいラッキーを引き寄せることができ、結果として仕事の話がうまくいくという幸運を掴むことができています。

ポジティブに考えることが、何に対して直接影響を与えるのかは、ここではあまり重要ではありません。私がお伝えしたいのは、考え方ひとつで、物事はよくも悪くもなるということです。

運の性質を知ろう

ここで運のある性質についてお話ししておきたいと思います。私たちは、普段から「運が向いてきた」とか「幸運を引き寄せたい」というように、特に気に止めることなく「運」や「引き寄せ」という言葉を使います。運を引き寄せるというと、ラッキーばかりをイメージしがちですが、運には幸運もあれば不運もあります。つまり、運とひとことでいっても、それには良し悪しがあるということです。

不運を引き寄せたいという人はいないでしょうが、運の性質を知らないと、思わぬ不運を引き寄せることもあります。幸運を引き寄せるには、そのための考え方があるのです。その考え方とは、幸運を引き寄せるには、幸運と同様の波動を持つ言動を続けることが必要だということです。運を引き寄せるにあたっては、この世のすべてのものには、波動があると考え、その波動は、同じ波動のもの同士で引き合うと考えます。

わかりやすくいうと、幸運は、いつも不満ばかりいっている人よりも、いつもニコニコしている人の方と相性がいいですから、ニコニコしている人の方に機会が訪れます。ネガティブな出来事は、不満ばかりいう人と相性がいいので、不満が口癖の人の方に機会が訪れます。このようなシンプルなことです。ですから、成功へ近づくために必要な三大運と関わり、その運をさらに引き寄せていくには、いつもポジティブでいられるようにすることがまず大切です。ポジティブでいられれば、自然と幸運が引き寄せられてきます。そして幸運は次の幸運を連れてきますから、そうすることによってその人自身がどんどん運のいい人になっていくのです。

もしも、「自分はあまり運がよくないかもしれない」と思うのでしたら、まずはポジティブに物事を捉える習慣をつけていきましょう。急にポジティブ思考になるのは難しいというのでしたら、寝る前に、今日あったいいことを思い出すだけでもいいでしょう。幸運とは、「運」なのですから、人の力が及ばない部分があります。でも考え方や口癖だったら自分自身の力で、今日からでも変えていけるはずです。

【いい人間関係をつくる】

チャンスがやってきたら、自分でしっかり掴まないといけませんが、そもそもチャンスがどのようにやってくるのかご存知ですか？

チャンスは、勝手に降ってくるわけではなく必ず人が運んできます。でも、誰が運んできてくれるのかはわかりません。それが最初からわかっていたら、人生は面白くないですよね。意外と「まさかこの人が」と思うような人があなたのチャンスを運んでくるもの。ですから、あなたが成功につながるチャンスを手に入れたいと思っているなら、あなたが出会う人たちを大切にし、いい人間関係がつくれるように努めなければなりません。自分ひとりだけの力で成功できる人はいません。成功するには、必ず誰かの力を借りなくてはならないからです。

人間関係は不思議なもので、自分の調子がいいときは色んな人が寄ってきます。精神状態だけでなく、経済状況がよくなったり地位が上がったりするときは、自分自身にオーラがあります。少々乱暴ないい方ですが、そのようなときは、放っておいても人が集まってきます。でも、うまくいっているときこそ、横暴になったりせず、周囲の人にどう振る舞ったかによって、さらなる成功を手にするかそうでないかが決まっていきます。

自分がいい人間関係をつくれているかどうかがはっきりとわかるときがあります。それは自分が失敗したときや不幸な目に遭ったときです。失敗すると、サーっと人は離れていきます。自分がうまくいかないときに残ってくれた人が、本当の意味でいい関係が築けている人です。うまくいかないときに残ってくれる人の数が多ければ多いほど、良縁に恵まれていることがわかります。

どんな人にも、苦しい芽の出ない時期というものがあります。何をやってもうまくいかないとか、自分は何もしていないのに被害に遭ったりするときがあるものです。芽の出ない時期をそばで支えてくれた人を大切にするのはもちろんのこと、成功してから出会った人の中にも、あなたをいつも楽しませようとしてくれる人、あなたの可能性を信じて応援してくれる人、うまくいかなくてもチャンスを与えてくれる人がいるはずです。そういう人たちの存在は、あなたの財産です。すべての人とうまくいく方がいいに決まっていますが、実際はそんなに簡単なことではありません。ですからまずは、自分の苦しい時期を支えてくれた人やいつもあなたの力になってくれる人たちを大切にしましょう。

仕事をきっかけに知り合った人の場合でも、利害を超えて信頼し合える人ができることも十分あり得ます。そんな人間関係に恵まれたら素敵だと思いませんか？

いい人間関係をつくるうえで大切なことは、表面的な情報だけで人を判断しないこと、利害だけで付き合うかどうかを決めないことです。運には波があります。ですから、いいときがあるなら悪いときがあって当然です。うまくいっていないときは離れ、うまくいくようになったら近づいていくなんてことは、全くおすすめできない行為です。少なくともそのような考え方をしているうちは、自分に返ってくると思っておきましょう。

今調子がいいなら、今自分の周りにいる人たちはもちろん、調子のよくないときに優しくしてくれた人たちのことを思い出してみましょう。そして、あなた自身も誰かのそういう存在になれるように心がけてみてください。もし今あまりうまくいっていないと感じるなら、自分のそばにいる人たちは誰なのか、その人たちが自分にどのように接してくれているかを見ましょう。

【チャンスを掴む行動習慣】

世の中には訪れたチャンスをしっかり掴める人とそうでない人がいます。チャンスはすべての人に平等に訪れるものですから、成功できるかどうかはチャンスが掴めるか掴めないかで大きく変わります。

チャンスを掴むのに大切なことは、「種まき」と「実行力」です。種まきとは、チャンスを引き寄せるための準備にあたり、自分のしたいことや欲しいもの、なりたい姿について周囲の人に話しておくことなどの行為を意味します。また、実行力とは、撒いた種をきっかけに訪れたチャンスを掴み、実際の行動に移すことです。

ここにAさんとBさんがいたとしましょう。Aさんは、不器用なところがありますが、目標があり、いつもそれを周囲に話していました。Aさんは、意図して話していたわけではありません。周囲の人たちも、Aさんが楽しそうに目標を語る姿を見ていいなと思ってはいるものの、あえてAさんのために何か動いてあげようとは考えていませんでした。

でも、あるときAさんの元に、ずっと自分がやりたいといっていたチャンスが舞い込んできました。喜んだAさんは、これはチャンスと思い「やります」と即答し、挑戦したことで目標を達成することができました。

一方Bさんは、実はAさんと同じ目標を抱いていました。しかし、Bさんは自分のやりたいことについて一切周囲には話していませんでした。周囲の人は、Bさんのことを信頼していましたし、実力も認めていました。あるプロジェクトの担当者に、Bさんの名前が挙がりましたが、その場で「もしかしたらBさんには興味がないかも」という人がいて、結局「それよりも、前からやりたいといっていたAさんだったら、少し不安もあるけど頑張るのではないか」という意見でまとまってしまいました。

あなたも、このような現場に居合わせたことはありませんか？　AさんとBさんの違いは、自分のやりたいことを周囲に話していたかどうかだけです。プロジェクトをこなす能力としてはBさんの方が適当であったにもかかわらず、結果的にはAさんが任されることになりました。いざというときのために自分の実力をつけておくことはとても大切ですが、自分の願いは口に出すことではじめて叶います。

実はこの本も同じなのです。私は、これまで自分が行ってきたことをより多くの方に伝える方法はないかと、長年考えてきました。その方法として最適だったのが、本で伝えることでした。そして、そう思うようになってから、私は「本が出したい」と意識的に周囲の人に伝えるようにし、自分もチャンスが舞い込んだ際にしっかり掴み取れるように準備してきました。その結果、今こうしてあなたにお伝えすることができています。

チャンスは、選ばれた人だけに訪れるものではありません。ですから、自分にチャンスが舞い込んだときにしっかり動けるように準備しておきましょう。そしてチャンスがやってきたと感じたら、すぐに飛びついてください。自分にできるかどうかと迷っている場合ではありません。なぜなら、自分を成功に導いてくれるような大きなチャンスほど、あっという間に自分の元を去ってしまうからです。迷っていたら、他の人のところへ流れていきます。チャンスを引き寄せるために種を撒くこと、そしてチャンスがやってきたらすぐに確実に掴むこと。とにかくこれを大切にしましょう。

SECTION 02

「運の引き寄せを加速させる二大法則」

ここまで、運の引き寄せに必要な要素を3つお伝えしてきました。あなたが引き寄せた運は、これまでに説明してきたことを意識すればさらによくなっていきます。でも、ただ運を引き寄せるだけでなく、できればよりたくさん、そしてより早く運をよくできたらいいですよね。

正直なところ、半年かけてじっくり運をよくするよりも、3ヶ月もしくはもっと早く運がよくなる方がいいに決まっています。そんな都合のいいことなんてできないと思われるかもしれませんが、これからお伝えする2つの法則を使えば、運の引き寄せを加速させることが可能です。その2つの法則とは、「たなぼたの法則」と「鏡の法則」といいます。

【たなぼたの法則】

棚からぼた餅ということわざはご存知だと思います。棚からぼた餅ということわざの本来の意味は、いつ訪れるかわからない偶然のチャンスやラッキーに依存して生きるのではなく、きちんと努力して自分の力で人生を歩みなさいという教訓的な意味です。

しかし、今回私がお伝えする「たなぼたの法則」は、本来の意味と少々異なります。たなぼたの法則では、すべての人に平等にチャンスが訪れると考えます。そして、ぼたもちをチャンスにたとえ、いつか必ずチャンスが来ることを信じ、チャンスが訪れたときに確実に掴み取れるような準備と行動習慣を日頃から行っておくといいという意味で使います。

先ほど、チャンスを掴むためには種まきと実行力が大切であるとお話ししました。ただ、チャンスが来るのを待っていても、いざチャンスを掴み行動しようとしたとき、あまりに実力が足りていなければチャンスを活かすことができません。チャンスを活かし行動した結果をどのようにできるかは、まさにあなたの実力です。この実力がなければ、いい結果を招くことができません。いい結果が出せなければ、一度や二度なら許されても、そのうち見限られてしまいます。そうなってしまうと、そこから挽回するのはなかなか困難ですよね。

あなたは今、自分の実力をつけるための行動を何かしていますか？

実力をつけるための行動は、一般的に考えるとするなら、資格の取得やセミナーまたは研修での学び、本を読んで学ぶといったことが挙げられます。インターネット社会の現代なら、ブログを使って情報発信することも大切かもしれません。あるいは、交流会など人の集まるところへ意識的に出かけ、人にたくさん出会うことが大切な人もいるでしょう。普段から準備ができていれば、訪れたチャンスに対する結果の質を上げていくことができます。人が誰かにチャンスを与えるとき、与える人は与えたい人に対して何らかの期待を持っています。「きっとこの人だったらやってくれる」とか「今この人はこういうことをやらせた方が伸びていくだろう」という期待です。

自分にどのような期待がかけられているかは、勘のいいあなたならおそらく気付けるはず。期待を超えるというと難しく聞こえますが、どんなことをすれば相手が喜んでくれるかを考えるとうまくいきます。チャンスは、自分の実力を周囲に示すいい機会ですが、自分の実力を見せるというよりも、どれだけ相手に貢献できるかを考えるようにするのです。そうすることで、自分本位な考えがなくなり、チャンスを与えてくれた人が心から喜んでくれるような働きができます。

あなたが、期待以上の結果をもたらしてくれる人だとわかれば、あなたにチャンスを与えてくれた人は、また次も「ぜひあなたに」とチャンスを運んできてくれるでしょう。それだけでなく、あなたのいないところで「困ったときは○○さんがおすすめ」とか「○○さんなら間違いない仕事をしてくれる」と、素敵な話をしてくれるかもしれません。すると、あなたの元には次から次へとあなたのことを頼る人で行列ができます。あなたの前に行列ができたところを想像してみてください。きっといい気分がするのではないでしょうか。

【鏡の法則】

鏡の法則という言葉は、スピリチュアルや自己啓発の本の中でよく登場する言葉です。もしかしたらあなたも見たことがあるかもしれませんし、既に他の書籍で読んで知っていると思われる人もいるかもしれません。しかし、鏡の法則は、語る人によって捉え方が様々で、すべての人が同じことをいっているわけではありません。ですから、既に見聞きしたことのある人も、改めて読んでいただきたいと思います。

鏡の法則とは、相手の人生の幸せを願い続けると、そのうち自分の人生も幸せになっていくという法則です。鏡の法則では、現実で起こっている出来事はすべて自分自身のあり方が投影されているものだと考えます。ですから、相手を大切にすれば自分も大切にされますし、相手の幸せを願えば自分も幸せになれます。

反対に、誰かを妬んだり恨んだりすれば、自分も誰かから同じように思われることになりますし、誰かの悪口をいえば、同じように自分も悪口をいわれるようになります。ですから、あなたは誰かを妬んだり恨んだりせず、悪口もいわず、仲間や大切な人、日頃関わっている人たちの幸せを願っている方がいいのです。人の幸せを願うのは、人のためだけでなく結果的に自分のためになるというのが、私のいう鏡の法則です。

鏡の法則では、注意すべきことがあります。それは、人の幸せを願う際に、純粋な心で願うことです。鏡の法則は、心からの言動に対してのみ効果があります。たとえば、「こういっておけば、あの人はこうしてくれるだろう」などと、自分の利益だけを考える下心のようなものは一切効果がありません。運気アップが加速するどころか、場合によっては失速する可能性もあります。人は、あなたが考えているよりも相手の本心を見抜いています。思ってもいないのにお世辞ばっかりいう人は、どこへ行っても嫌われやすいですよね。あなたの周りにもそういう人がいませんか？

　同僚や部下には高圧的な態度なのに、上司や自分にメリットがありそうな人にはすごくいい顔をするような人は、本人が気付かないだけで、いい顔をされる方もわかっています。とはいえ、いきなり人の幸せを願いなさいといわれても、そう簡単にできるものではありません。まずは自分が先に幸せになりたいと考えるのが普通でしょう。でも、この本で既に何度もお伝えしていますが、あなたが成功していくためのチャンスは、人が運んできます。人が運んでくるのですから、人を大切にし、人の幸せを願えるような器の大きな人になれた方が、あなたが受け取れる幸せはより大きくなります。人の幸せを願えるような人になることは、あなたにとっていいこと尽くしなのです。

心からの行いがあなたに幸せを運んでくる

それでも人の幸せが願えないときは、あなた自身が疲れていて、少し休息が必要なときかもしれません。仲間が誰かから褒められたときや表彰されたとき、あるいはライバルだった人が自分よりも先に起業したり出店したりしたとき、または自分よりも先に結婚したり子どもや孫に恵まれて幸せそうにしているときに、あなたは素直に「おめでとう」と感じられているでしょうか。口では「おめでとう」とか「よかったね」「私も自分のことのように嬉しい」といっていながら、心の中で「悔しい」「何であの人が」と叫んでいませんか？

人の幸せを素直に喜べないときは、まず自分自身をケアしてあげましょう。あなたが人の幸せを喜べない理由は、あなたが成功していないからではありません。あなたの心が疲れてしまっているだけです。あなたが自分自身のことを大切にできるようになると、次第に心が満たされていきます。すると、心のささくれもちゃんと取れていきます。心のささくれが取れれば、相手に対して優しくなれますし、相手の門出や幸せを心から祝福してあげられるようになります。

日常でも、相手の些細な行動を褒めるのが苦手だという人は、少し心がささくれ気味かもしれません。相手の幸せを願うといわれると、何か相手がすごいことをしたときだけ喜ぶと勘違いする人もいますが、けしてそうではありません。たとえば、部下や仲間の頑張っている姿に対して「頑張っているね」といったり、子どもが勉強や趣味に夢中になっている姿に「えらいね」といったりすることも、相手の幸せを願う行為になります。

鏡の法則を使って、あなたの周りにいる人たちをどんどん応援しましょう。すると、だんだんあなたのことを好きになってくれる人が増え、あなたのやっていることを応援してくれる人が増えます。応援してくれる人がいればいるほど、あなたのやりたいことがうまくいく確率が高くなります。

SECTION
03

「実際に運を引き寄せた著名人」

続いては、「運」を大切にすることが、どれほど大きな成功につながるのかについて紹介していきます。私が今回お伝えするのは、徳川家康、松下幸之助、イチローの3名です。

【徳川家康】

1603年（慶長8年）、徳川家康は江戸に幕府を樹立しました。江戸時代は、以後265年間に渡り栄え続けました。江戸時代は、武士が政権を握るようになった鎌倉時代以降で最も長い時代であったことは、あなたもご存知のはず。徳川氏が安定した政治を行っていたことが伺えます。その江戸時代の創始者である徳川家康ですが、その生涯を振り返ると、非常に強運に恵まれていたということがわかります。徳川家康は、どのように運に恵まれ、そして運をコントロールしていたのでしょうか。

徳川家康は幼少のころ隣国の今川家へ人質に出されていましたが、当主である今川義元が桶狭間で織田信長に討たれたことで今川家から離れ、織田信長と同盟を結ぶことになりました。このことは、あなたもご存知かもしれません。この徳川家康の人質解放は、家康が良縁運を引き寄せ、織田家との間に良縁を結べたことから起こったことといえます。もしもそのまま人質として囚われ続けていたら、おそらく江戸は誕生しなかったでしょう。

また家康は、織田信長、豊臣秀吉と並んで三英傑と呼ばれることも多いです。でも、三英傑の中で、一番長く生きたのは徳川家康でした。豊臣秀吉の死後、反徳川の筆頭であった石田三成を関ヶ原の戦いで討ち、弱体化した豊臣家を大阪の陣で滅ぼしたことで、徳川氏に対抗できる勢力が居なくなったのです。これらのエピソードを見ていくとわかるように、徳川家康は、自分で積極的に道を切り拓くというよりも、「相手や周りがバタバタして、結果道が拓く」というまさに「強運」の持ち主といえるのかもしれません。

とはいえ、相手や周りがバタバタして、結果道が拓くまでには時間がかかります。「辛抱強く待つ」ことが重要です。徳川家康の言葉に、辛抱強く待つ生き方や考え方が垣間見えます。

「願いが正しければ、時至れば必ず成就する」

「人の一生は、重荷を負うて遠き道をゆくがごとし。急ぐべからず」

家康自身、辛抱強く待つことが、運気を引き寄せることを知っていたのかはわかりませんが、この現象はまさに「たなぼたの法則」の効果です。

また、三英傑を表現する有名な言葉があります。

「啼かぬなら　殺してしまえ　ホトトギス」（織田信長）
「啼かぬなら　啼かせてみよう　ホトトギス」（豊臣秀吉）
「啼かぬなら　啼くまで待とう　ホトトギス」（徳川家康）

この言葉は、三英傑の特徴をよく捉えていますが、結果として成功したのは、辛抱強く待ち、運を呼び込めた徳川家康でした。

他にも、徳川家康には運気を呼び込むために積極的に行動したエピソードがあります。それは、江戸城の設計です。家康の側近であった南光坊天海の助言を受け、江戸城の立地や寺社・門等の配置を決めていました。先ほど江戸時代が265年も続いたのは、政治が安定していたからだと述べましたが、江戸城自体が運気を呼び込む設計になっていたことも、無関係ではないでしょう。

【松下幸之助】

パナソニックの創始者である松下幸之助は、少年時代に大阪へ奉公に出るなど、けして裕福な暮らしをしていませんでしたが、小さな町工場を一代で世界的な企業に育て上げたことで知られています。「経営の神様」と呼ばれ、現在では三重県にある椿大社に、松下幸之助社という社もあります。それだけではありません。松下幸之助の多くの名言や格言は、ビジネスの世界を越えて広く親しまれています。本書の第1章

「10：90の法則」のところで、私も松下幸之助の遺した言葉を紹介したのを覚えてくださっていると思います。また、未来のリーダーを育てるための松下政経塾を創設し、政治家や経営者・大学教員など各界に人材を輩出しています。

松下幸之助は、成功するためには「実力10％、運が90％」といっているように、成功に占める「運」の大きさを実感していました。例えば採用面接のときに、面接者に対し「あなたは運がいいですか？」と聞いて、「運がいい」と答えた人を採用していた話は有名です。自分は運がいいといって採用された人たちの努力によって世界的な企業になったことを考えると、「運がいい人たち」からなる組織は成功する、という見方もできますね。

また、松下幸之助は「ツイてる人につけ」という言葉を遺しています。運がいい人は、運を呼び込む思考や行動をしていると知っていたのでしょう。運がいい人は、人脈が広かったり、驚くような人脈を持っていたりするものです。運のいい人と一緒にいると、その人の周りで起こる事象が、自分にも伝染するようになります。つまり、自分自身も運がよくなるわけです。

【イチロー】

メジャーリーグで活躍し、多くの偉業を成し遂げたイチロー選手。走攻守の3拍子が揃い、世間から天才と呼ばれた彼もまた、「運」の偉大さを感じているひとりです。

「僕は天才じゃなく運がよかった」

これは、1995年にイチロー選手がインタビューで話した言葉です。当時イチロー選手は22歳で、2年連続首位打者のタイトルに加え、打点王、盗塁王、最多安打、最高出塁率の「打者五冠王」そして2年連続のシーズンMVPに輝きました。また、1995年は、阪神淡路大震災が起こった年であり、神戸に本拠地を置くオリックス・ブルーウェーブ（当時）は、「がんばろう神戸」を合言葉にパ・リーグを制しました。

素晴らしい実績を持ち、世間から天才といわれたイチロー選手ですが、最初から優秀だったわけではありません。実はイチロー選手はドラフト4位でオリックス・ブルーウェーブに入団しましたが、2年間は1軍と2軍を行ったり来たりしており、タイトルはおろか1軍定着もままならない状況でした。そんな中、93年にその後監督となる仰木監督と出会います。仰木監督は、イチローの素質と打撃センスを見抜き、94年の開幕前に登録名を「鈴木一郎」から「イチロー」に変更し、開幕後は、一軍での実績がほとんど無かったイチロー選手をスタメンで起用し続けました。そしてその引き立てを受け、イチロー選手は、その年にシーズン210安打の日本新記録（当時）および首位打者のタイトルをとり、天才といわれる選手へと駆け上がっていったのです。

イチロー選手は「僕は仰木監督によって生き返らせてもらった」と語っています。また、メジャーリーグ移籍後も、キャンプ中の仰木監督に会うために宮古島まで出向いたり、仰木監督を「僕のただひとりの師匠」と答えたりするなど、仰木監督に対して並々ならぬ感謝と尊敬を持っていることは、よく知られています。イチロー選手の場合も、仰木監督との良縁を引き寄せたことが人生の転機でした。でもその裏には、うまくいかない間もいずれチャンスがやってくることを信じて練習を続けたという姿があります。先ほどの家康と同様、「たなぼたの法則」を実践していたのです。

私の紹介する運の引き寄せ方法とは少し離れますが、イチロー選手は験担ぎをすることでも知られています。「スパイクを必ず左から履く」「毎朝カレーを食べる」といった話を聞いたことがある人もいるのではないでしょうか。心が変われば行動が変わり、行動が変わることで現実の結果が変わっていく、ということはよくいわれます。

「心を変える」うえで「験担ぎ」はとても効果的です。事実、イチロー選手以外にも、多くの成功者が験担ぎを行っています。

第2章のまとめ

・運気アップに必要な要素は3つある
・成功者は幸運とポジティブに縁がある
・いい人間関係がつくれると、チャンスがやってくる
・チャンスのために種をまき、訪れたらしっかり掴み必要な行動をとる
・棚ぼたの法則を意識して、鏡の法則を意識して、著名人たちも成功するために運を気にしていた

CHAPTER

3

金運を引き寄せる9の方法

SECTION 01

金運を上げる考え方

第3章では、金運を引き寄せる方法についてお伝えします。

本書でお伝えする方法は、よくあるお金を稼ぐテクニックのような話ではありません。考え方の土台には、「自分だけではなく周りの人の幸せも願いましょう」という考えがあります。なぜなら、自分だけが儲かればよいという人は、お金を稼ぐことはできても大きく成功することは難しいからです。

幸せな成功者になるには、お金だけでなく、多くの人から応援してもらえるような人にならなければなりません。そのためにも、金運を引き寄せるための考え方や行動の中に、周囲の人の幸せを願うような考えが含まれています。

第1章にある三大資産を手に入れるための三大運のところで、金運について触れましたが、そこでは、金運はお金を中心として豊かさと関連する運のことだとお伝えしました。その際、お金というものは扱う人によって価値が変動すること、また運を引き寄せるうえでは、お金は豊かさに関係するエネルギーの集まりであり、本来は実態のないものと考えるということも説明しました。

運には動きがあり、その動きはある一定の法則に従って動いていると考えられています。ですから金運を引き寄せるには、この流れにうまく乗って運を呼び込み、その呼び込んだ金運の流れをさらに太くしていく必要があります。

ここで、頭の中で川の流れをイメージしてみてください。

川を流れる水は、金運の流れとよく似ています。川の水は、ゆるやかに流れることもあれば、急な流れで大量に流れることもあります。金運はお金に関する運の流れなのですから、せき止めてしまうと淀んでしまいます。自分だけ儲かればいい、自分だけがお金持ちになれればいいという考えは、自分のところでお金をせき止める行為です。これは、私がお伝えしたい引き寄せの法則に反しています。先ほども述べましたが、金運に恵まれる人は、自分だけでなく家族や周りの人、さらには社会全体が豊かになるほうがいいと考えられる人です。

自分の利益だけを考えず、他人が豊かになることまで考えられるようになると、自然の摂理や法則に沿った生き方ができるようになり、そうすることで金運に恵まれるということです。この考え方に従って実際に三大資産を手に入れた人たちも、お金の流れを意識しながら、自分だけでなく他の人の幸せや豊かさを意識されてきました。

なぜ、他の人の豊かさまで願ったほうがお金に恵まれるのか。答えは簡単です。自分だけが豊かになるよりも、大勢の人を豊かにするほうが、大きなお金が必要になるからです。もっとわかりやすく、実際の生活にあることで考えてみましょう。

あなたに欲しい服があるとします。その服が1万円で買えるとしたら必要なのは1万円です。当たり前ですね。でも、そこに家族がみんな「自分も欲しい」「おしゃれがしたい」といってそれぞれが1万円の服を持ってきたらどうでしょうか。あなた以外に家族が3人いたら、合計4万円も必要です。あなたひとりが服を買うだけなら1万円で済んだところが、全員分の服を買うことになったので、4万円なくてはなりません。このように、幸せにしたい人の数が増えれば増えるほど、扱うお金が大きくなります。金運も同じで、自分の幸せだけよりもみんなの幸せを願ったほうが、大きな金運が引き寄せられます。金運を引き寄せる考え方を理解したら、その考え方に基づいた行動をしていかなければなりません。次からは、具体的に何をすべきかについてお話ししていきます。

SECTION 02

金運を上げる方法①

礼節を守る

最近では、ビジネスでもフラットな関係性が好まれることが多くなってきました。インターネットでも上下関係なくコメントし合っている場面をよく見かけます。私服で出勤できる会社も増えていますし、お中元やお歳暮、年賀状なんかもやりとりを簡略化もしくは無くしているところも増えています。年配の人が、若い人たちの言葉遣いや振る舞いに関して口うるさく注意したくなるのは、今も昔も変わりませんが、以前に増してそうしたことに嫌悪感を抱く人が増えているように感じます。そのせいか、礼節を守りましょうといわれても、あまりピンとこない人が多いです。説教をするつもりは毛頭ありませんが、ここで礼節の話題を出したのは、礼節を守ることが金運アップと密接に関わっているからです。

そもそも礼節とはなんでしょうか。礼節とは、礼儀や節度という意味です。礼儀というのは、人と接するときに相手を不快にさせない人として基本的なマナーのこと。相手との関係性に応じて適切な挨拶や言葉づかいをすることを意味します。また節度とは、度を越さないとか、ほどほどという意味があります。つまり礼節を守るとは、相手を敬い、適切な距離感をもって接しましょうということです。

先ほど、最近はビジネスシーンでもラフなお付き合いをする人たちが増えているといいましたが、特にビジネスでは、礼節を守ることが金運を引き寄せるうえでも重要です。礼節をきちんと守ることは、大切な人との縁を守ることにつながります。

ビジネスで出会う人との縁を大切にすると、自分と相手との間にしっかりとした信頼関係が構築されます。相手との信頼関係が構築されると、自分の扱う商品やサービスのことも信頼してもらえるようになります。つまり、礼節を守って相手と付き合うことが、自分のビジネスを拡大していくことにもつながるのです。ビジネスで金運を得るには、正しい順番で相手と付き合うことが大切です。どういうことかというと、ビジネスに関わる金運は、人ありき。つまり人との関わり方で決まっていきますから、金運を得るためには、正しい順番で人と関係性を深めることが大切なのです。では、正しい順番とはなんでしょうか。ビジネスで金運を得るための順番は、次のような流れになります。

相手との信頼関係をつくる
⬅
お金を対価として受け取る
⬅
再投資して次の信頼関係を構築する

ビジネスで知り合った人は、基本的に、あなた個人に興味があってあなたと知り合ったわけではありません。あなたの扱う商品やサービスが気になったからとか、人に紹介されたからというようなきっかけがあって、あなたの元にやってきています。ですから、敢えていえば、あなたと個人的に仲良くなりたいとも思っていませんし、ビジネスだけの形式的な付き合いで済ませたいと思っています。

もし、そんな相手に対してあなたがはじめから親しげに、まるで友人と会話をするように話をしてきたら、相手はどのように感じるでしょうか。おそらく「この人は礼儀をわきまえない人だな」とムッとされるでしょう。最初の親しくない段階で礼儀をわきまえない人という印象を持たれてしまうと、その印象を覆すのはとても難しいことです。第一印象は想像以上にその後の付き合いに影響します。ビジネスであれば、最初の印象が悪ければ、その相手との取引や関わりは二度とやってこない。そのくらいシビアなものです。

あなたがきちんと礼節を守って相手と付き合うと、次第に相手との間に信頼関係が生まれていきます。相手から信頼されるようになると、あなたの扱う商品やサービスに対する信頼も生まれます。「この人のいうものだったら、多分間違いなさそう」という思いを抱いてもらえるのです。そうなれば、相手とのお付き合いも長く続いていくでしょう。信頼を構築したうえで、お金を対価として受け取ったら、その受け取ったお金をさらに次の信頼関係のためにも使えるようにしましょう。たとえば、季節のご挨拶を丁寧にするとか、訪問する際にはきちんと手土産を持参するといったことも大切です。昔は、手書きのお礼状やご挨拶状を書いて相手に送るという習慣もありましたが、今はほとんどメールで済まされています。とはいえ、相手によってはメールで送ることが失礼にあたる場合がありますから、そこの判断はきっちりしましょう。

先ほどの、季節のご挨拶や手土産に関しては、特に相手が年上の場合は、相手が遠慮したとしてもきちんと行えた方がいいです。では、相手が同じ年あるいは年下ならやらなくていいかというと、そうではありません。すべての人に丁寧に接した方がいいに決まっています。ただ、自分よりも年下の人に対して、あまりに丁寧すぎるのも、相手を萎縮させてしまう可能性もありますので、適切な関わり方を心がけてください。

正しい敬語やマナーについて不安がある人は、本屋へいくとマナー本が必ずあります。手元に一冊置いておくと、どうすべきか迷ったときに助かります。

SECTION 03

金運を上げる方法❷

「楽しく会食する」

食事は、人と親しくなるために最も効果的な方法です。若い頃は、どうして大人は会食ばかりするのか、接待とはなんだろうとよく思ったものですが、今になればその大切さが身にしみてわかります。楽しく会食をすることは、金運アップに大変効果的です。でも、ただ会食するだけではダメです。金運につなげるには、「楽しく」会食すること、そこに楽しさがあるかどうかがかなり重要です。楽しく会食することがなぜ金運アップに繋がるのかわかりますか？

気の合う人と食事をするとき、計画段階からワクワクしますよね。あの人はどんな料理が好きなのだろうか、どんな空間だと喜んでもらえるのか、飲み物は？　あまり高そうなところだとかえって気をつかわせてしまうだろうか、など、いろんなことを考えます。でも、その時間すらも楽しいと感じませんか。

計画の時間も含め、一緒に食事をしている間に感じるこのワクワク感は、お互いの心の扉を開き、距離を縮めてくれます。そのようなときには、相手の話がスーッと心に届きます。「ここだけの話だけど」とあまり公にできない話をしてきたり、「本当はこう思う……」「実は……」と相手が自分の本音を話し出したら、心の扉がしっかり開き、あなたの言葉が相手にきちんと届いている状態なのだと思ってください。秘密の話があるかどうかはわかりませんが、あなただからこそ話してもらえることが増えてきていると感じたら、相手から信頼されているなと思っていいでしょう。

会食は、2人だけで行うものではありません。セミナーや勉強会、同じプロジェクトに関わったチームメンバーなど、みんなで集まっての会食も、金運を引き寄せます。

複数の人が集まる会食は、2人だけで行う会食と違い、いろいろな人のエネルギーが一箇所に集まるので、パワフルな金運の流れがつくられやすいです。食事を共にすることでお互いの心の距離が縮まり、新しいプロジェクトの話が立ち上がったり、新規ビジネスに繋がる人脈が手に入ったりすることもあります。

会食をきっかけに新しいドラマがはじまったなら、それはとても素敵なことですよね。もし可能なら、あなたが会食を主催できるとなおよいです。

SECTION
04

金運を上げる方法❸

「新札を使う」

日本人は、とにかく新しいもの好きです。日本では、新しいものには神聖なエネルギーが宿ると考えられてきたからです。海外の人たちに比べ、新車や新築、新品などにこだわるのは日本人の特徴です。

洋服や家電、子どものランドセルでも、お古や中古よりも新品または未使用の物の方が好まれます。きっとあなたにも心当たりがあるはずです。

日本人が新しいものに特別な意識を持っているのは、神道の考え方が背景にあります。今回は、運に関する本ですから、神道の説明は省きますが、そうした背景があって、日本人は新しいものには特別なエネルギーがあると思っているのです。この考え方はお金にも当てはまります。新札を使うことで、金運を引き寄せることができるのです。

あなたの財布の中にあるお札は、今どのような状態でしょうか。折れのあるお札が入っていますか。それともすべて新札でしょうか。普段は折れた跡のあるお札を気にせず使っていたとしても、人にお礼としてお渡しするときやご祝儀やお祝いなどのお金は新札を用意しますよね。そういうものだと思って何も気にせず新札を用意しているかもしれませんが、お礼やお祝いのときにきまって新札を渡すのはどうしてでしょうか。例えば、あなたがお客様から現金を受け取るときを想像してみるとわかりやすいでしょう。クチャクチャなお札でお金を受け取ったときと、新札で受け取ったときではどちらの方が気持ちよく受け取れるでしょうか?

新札で頂くと、その人の誠実さやお金を大切にしている方という価値観を感じ、とてもありがたく、気持ちよく受け取ることができますよね。金額の価値は同じでも、新札を使う心がけがその人の信用となり、同じ波動のお金や人々が引き寄せあって感謝の循環で人生が回り出します。常に新札を用意することは、現実的には少々大変かもしれません。銀行に頻繁に両替に行かなくてはなりませんし、それには手間がかかりますよね。

しかしながら、そのような手間のかかることであったとしても実際に常に財布の中に新札を入れている人はいますし、その人が特別暇を持て余しているわけではありません。少しの時間の隙間でも、人に渡すものであることが頭に入っているため、自分で意識的に行動しているのです。

お金はお金を大切にする人に集まって来ます。お金の価値そのものには実態がありませんが、お金の波動は人の心に影響を与えます。今は、キャッシュレスの時代になり現金を使う機会は少なくなりました。だからこそ、この生活習慣にすることで、まず自分の気持ちが変わり、心ある人との出逢いのときにこの心が伝わり、いいご縁につながることがあるのです。

SECTION 05

金運を上げる方法❹

お財布を丁寧に扱う

突然ですが、今あなたのお財布はどのような状態でしょうか。

いらないレシートがいっぱいで、お札と混ざっているような状態になっていませんか。また、カードがぎっしりと入れられていたり、使わなくなったポイントカードがいつまでも入っていたりしていないでしょうか。

お札の向きは揃っていますか？　お財布の状態も、ファスナーやボタンが壊れていたり、破れていたりしてボロボロになっていませんか。

金運は、お金やお金を入れるための場所であるお財布の状態によっても左右されます。お金やお財布には心が宿るものだとお伝えしてきました。それは、1章でも説明したように、運には同じ波動を持つもの同士が引き合うという性質が関係しています。お金やお財布を大切にしてあげると、あなたの手元にあるお金が喜びます。その喜びのポジティブな波動が、新たな金運を引き寄せ、金運の巡りがよくなっていくのです。

肝心のお金やお財布の扱い方ですが、本書で私がおすすめしたい扱い方は3つあります。

金運アップを叶えるお財布の扱い方

まず1つ目は、お財布がカバンの中で傷がつかないようにすることです。お財布をそのままカバンの中に入れていると、どうしてもお財布の表面が傷ついてしまいます。心が宿るとはいえ、お財布は物ですから、使っているうちにどうしても劣化していくのは仕方ありません。ですが、できるだけ傷をつけないように配慮することはできます。カバンの中に入れるとき、カバンに向かってお財布をポンと放り投げたりしていないでしょうか。もしそのようなことをしているのでしたら、今すぐにやめましょう。カバンの中に入れるときも、丁寧にそっと入れてあげ、可能でしたら柔らかいハンカチなどで傷がつかないようにしてあげるとなおよいです。イメージとしては、赤ちゃんや子どもを大切に可愛がるような感じです。

2つ目は、お財布の中をスッキリさせることです。お財布の中にレシートが入りっぱなしだったり、使わなくなったカードのせいでお財布が膨れ上がったりしているなら、お財布の中をきちんと整理してスッキリさせてあげましょう。お財布の中を自分の部屋だと思って想像してみてください。紙くずやいらなくなった物でいっぱいになり、足の踏み場もないような部屋で過ごす時間は、どんな気分でしょうか。けして気持ちのいい感じはしないはずです。おもしろいことに、お財布の中の様子は、実はその人の心の様子の表れとして考えることもできます。ごちゃごちゃになっているお財布を持っている人は、様々なストレスを抱え、散漫になっている傾向があります。

お財布をスッキリさせると、不思議と自分の心もスッキリします。「私のお財布は、あまりきれいじゃないな」と心当たりのある人は、整理されることをおすすめします。

3つ目は、「ありがとう」とお金やお財布に対し、声をかけてあげることです。

お財布やお金は、あなたの日々の暮らしや人生にとって、とても大切な存在です。あなたが毎日不自由のない暮らしが続けられるのは、もちろんあなた自身の努力もありますが、お金という存在があってこそ。お金があることで、あなたは自分の欲しい物やサービスを手に入れているはず。自分が豊かになるために存在してくれるお金に対し、「ありがとう」と感謝をするのです。ちなみに、「ありがとう」という言葉を漢字にすると、「有難う」という字になります。「有難う」とはつまり、「有る」ことが「難しい」ということなのです。今ある幸せは、普通ではあり得ないほどのことであるという心を表す言葉でもあるのです。後述しますが、「ありがとう」という言葉には、とても素晴らしいポジティブな波動があります。この言葉を意識的に使うことで、金運に限らず全体的な運気を上げることも不可能ではありません。

SECTION 06

金運を上げる方法⑤

「一日の最後にお財布を休ませる」

一日の最後にはお財布をきちんと休ませてあげることも、金運アップに効果的です。お金やお財布は人と同じように心を持っていると考えますから、人と同じように一日の最後にはきちんと休ませてあげるようにするのです。人は、眠っている間に運気を吸収するようにできています。一日しっかり活動して疲れた体や頭を、眠ることで回復させているのです。

眠っている間は潜在意識が活性化するため、運と共鳴しやすく、運を取り込みやすい状態になっていると考えられているのですが、この考え方をお金やお財布にも応用します。

具体的に何をするかというと、丁寧に拭いてあげるのです。あなたと同じように、お財布も一日中働いてくれました。いろいろな場所へ出かけ、様々なエネルギーに触れているため、疲れが溜まっている状態です。私たちは毎日、清潔を保つためにお風呂に入りますが、体を清潔にするだけでなく、疲れを取る目的もあります。できればお財布もそうさせてあげたいくらいですが、それはさすがに無理です。ですから、お風呂に入れる代わりに丁寧に拭いて汚れを落としてあげるのです。そうすることで、常に綺麗であり、丁寧な扱いを受ける財布からは、プラスの波動が発せられますから、いい金運が引き寄せられるようになるのです。

少なくとも今のあなたの生活は、お金があることで成立しているはずです。たとえ「自分の理想はもっと上」と思っていたとしても、まずは現状に感謝しましょう。あなたがお金に対し感謝の気持ちを持ち続けていれば、段々といい金運を引き寄せる【金運体質】になっていけます。

「お財布を丁寧に扱い休ませる」方法は、とても効果的で、実践したことで私自身も金運に恵まれています。そこで、手前味噌ですが、この方法を実践することで引き寄せた私の体験談を紹介させてください。

私は、「お財布布団」という商品をプロデュースしています。実はこの「お財布布団」が誕生したきっかけは、私が金運アップの専門家として顧問先で開催したセミナーで、ある人から相談されたことからはじまりました。

金運アップセミナーの中で、私は、「お金はお金を大切にしてくれる人のもとに集まる」というお話しをしていました。セミナー終了後、「その話が心に残った」といって、これはとても大切なことだと想うので、何かの形にして商品化できないでしょうかと、おっしゃるのです。私は、人間が体を休めるのと同じように、お財布とお金を休ませることが大切であることを知っていますから、人が使うのと同じようなお財布用の布団「お財布布団」を発案し、提案しました。その結果、商品化が決まり、監修の依頼を受けたので、販売方法まで提案し、その会社で発売がはじまったのです。どうなるかなと思っていましたが、少しずつ売れはじめ、今では一粒万倍日や寅の日などの金運がアップする日には爆発的に売れています。

金運アップの法則性を理解して実生活で活用すれば、このように、思ってもみないチャンスに恵まれ、より多くの収入を獲得できるようになります。

参考：天道象元監修&プロデュース
黄金の光輝くお財布布団で金運アップ！
https://www.amazon.co.jp/dp/B00RINP9HG

ちなみに、お財布布団がすぐに手に入らないという人は、肌触りのいい新品のタオルなどで代用しても構いません。お財布布団は、お財布に休んでもらっている間に金運をより高めていくために様々な仕掛けがしてありますが、本当に大切なのは、お金やお財布を扱う人の感謝の心です。

それから、お金がたくさん舞い込むお財布の買い方もご紹介しておきましょう。先ほど、お金やお財布には心が宿るとお伝えしましたが、扱い方だけでなく、買い方そのものを変えることでもお金がどんどん入ってくるようになります。お金が舞い込むお財布の買い方は、立春の日にお財布を買うことです。立春のその日に購入するのもいいですが、できればその少し前に買っておき、立春の日に使いはじめるのがおすすめです。

SECTION 07

金運を上げる方法❻

「言霊の力を借りる」

言霊（ことだま）という言葉を聞いたことがあるでしょうか。言霊とは、人が発する言葉には魂が宿り、その言葉を使う人や聞いた人に影響を及ぼすという考え方です。人と話すとき、あるいは想いを伝えるときは、声帯を震わせ、声に想いや言霊（コトダマ）をのせて発声します。すると、直感的にその声の波動を受けてこちらの波動が動き出します。本書では、運の性質として、物事や言動には波動があり、その波動は同じ性質のもの同士で引き寄せ合うという特徴を持っているとお伝えしてきています。

このことを、私たちが普段使う言葉に当てはめると、ポジティブな波動を持つ言葉を使えばポジティブな人生が、ネガティブな波動を持つ言葉を使えばネガティブな人生をつくり上げることになります。いきなり波動の話をされても、あまりピンとくる人は少ないかもしれません。なぜなら、私たちはあえてそのようなことを意識して生活していないからです。

しかし、意識していなくても、私たちは、必然的にこの法則に則って生きています。無意識ですが、今この瞬間も、あなたは波動の力を生活の中で使っているのです。先ほど、ポジティブな言葉を使うとポジティブな人生をつくれるとお話ししましたが、ポジティブな人生をつくり上げることができる最強の言葉をお教えしましょう。

それは、「ありがとう」という感謝の言葉です。

私は、「ありがとう」という言葉には、いうたびに天に想いが通じて愛が広がり、喜びの波動が大きく拡散していく力があると考えています。それだけではありません。「ありがとう」という言葉は、自分だけでなく、周囲を含めて明るく楽しく喜びの波動で満たしていきます。「ありがとう」という言葉は、その言葉を口にした数だけ、金運がアップし心も豊かになり幸せの波動が広がります。ちなみに私は、「ありがとう」を1日100回以上、10年間毎日いい続けています。そのおかげもあり、苦難を乗り越え、今の幸せを手にできているのです。「ありがとう」に、素晴らしい人生をつくる波動があることに気付いたのは、私自身の身に起きた苦難がきっかけでした。

次々にやってくる様々な苦難をどうにかしたいと思い、藁にすがる思いでたまたま実践してみたところ、みるみる状況が変化していったことで気付いたのです。回数はともかく、「ありがとう」ということを習慣化していきましょう。きっと不思議ないいことがあなたの人生にシャワーのように降り注ぐことでしょう。

「ごめんなさい」がいえる人になろう

「ありがとう」という言葉以外には「ごめんなさい」も素晴らしい言葉です。「ありがとう」をいうことは比較的簡単なことですが、「ごめんなさい」という言葉を素直にいえる方は少ないです。

しかし、自分に非があることに気が付き、すぐに「ごめんなさい」といえる人は心が素直で美しい方です。ときには相手に対してムッとすることもあるかもしれませんが、必要なときには、謙虚にそして素直に「ごめんなさい」といえる人間性を育成していきましょう。「ありがとう」と「ごめんなさい」は、いい人間関係をつくり金運をアップしていくために欠かせない大切な言葉なのです。

ちなみに、「ありがとう」や「ごめんなさい」は金運を引き寄せるうえでも効果のある言葉ですが、これらの言葉を発するときに注意していただきたいことがあります。それは、ただいうだけにならないことです。心がこもっていない、いえばいいのだろうといった姿勢でこれらの言葉を使っても、いい波動が発せられないので、ほとんど効果は得られません。「ありがとう」をたくさんいう習慣がついておらず、ついつい忘れてしまう人は、これからお伝えする方法を使えば習慣化しやすくなります。

それは、「ありがとう」貯金をすることです。

「ありがとう」貯金は、毎日、人に心から「ありがとう」といえた回数分だけ、実際のお金を貯金していくというものです。毎日のことなので、一回あたりの金額は百円ほどで構いません。自分の負担のない金額を設定しておきます。この方法のポイントは、心から感謝できた自分の行いを、きちんと可視化させるところにあります。感謝するたびに実際にお金が溜まっていくので、モチベーションも上がり、習慣化しやすくなるのです。

SECTION 08

金運を上げる方法⑦

縁起のよいお金を使う

縁起のいいお金とは、感謝や喜びの波動をもったお金のことです。例えば、自分の商品やサービスに喜んでくださったお客様から受け取るお金は、縁起のいいお金です。

「縁起（えんぎ）」とは、ご縁を起こす、つまりご縁を結ぶことを意味します。普段の生活の中でも「縁起がいい」という言葉はよく使われます。それには、結ばれたご縁がよくなるようにと想いが込められていますが、私たちはそのことをきちんと知らなくても、自然と良い波動に包まれるような言葉を使っています。

さて、本書では既に何度かお金という存在について述べてきました。お金の正体は実態のないものであり、扱う人によって価値が変動することをお伝えしてきましたよね。ここでいうお金の価値が変わるというのは、お金に書いてある金額のことではありません。変わるのは、お金から放たれる波動の価値です。

縁起のいいお金の場合、相手から発せられる「ありがとう」「助かったよ」というポジティブな波動がお金に乗せられます。仕事上の取引もそうですし、友人や家族との間でのやりとりでも、縁起のいいお金が行き交います。縁起のいいお金は、けして自分が受け取る側になったときだけではありません。感謝や喜びと同様の波動を持つのですから、たとえば結婚式のご祝儀や出産、引っ越し祝い、開業祝いなどのお祝いに使われるお金も縁起のいいお金です。

縁起のいいお金があるのですから、もちろん縁起の悪いお金もあります。縁起の悪いお金とはどういうお金かというと、奪いとったり、騙したり、恨みやねたみなどのネガティブな波動を持ったお金です。「悪銭身につかず」とよくいいますが、悪いことをして手に入れたお金は、ネガティブな波動を生み出し、ネガティブな人や事柄を引き寄せてしまうものです。お金は、使う人の波動をそのまま受けてしまい、善悪を判断することはできません。お金そのものには実態が無いので、ポジティブな波動も、ネガティブな波動もそのまま受け入れて社会に流通してしまいます。

成功を掴みたいあなたは、これから成功に向けて、大きなお金を動かしていく人になりたいと思われているはずです。ですから、自分がお金を使うときには、ネガティブな波動を帯びたお金を扱うことはできるだけ避け、ポジティブな波動を持っている

「縁起のいいお金」と積極的に関わる必要があります。

次は縁起のいいお金と縁起の悪いお金の扱い方をお伝えします。縁起のいいお金を受け取ったら、そのまま使ってしまった方がいいのか、それとも大切に手元に残しておいた方がいいのか。そんな疑問を持たれているかもしれません。また、万一縁起の悪いお金を受け取ってしまったとき、そのお金はどうすればいいのか、受け取ってしまった自分は大丈夫なのかと不安になりますよね。

まず、縁起のいいお金を受け取ったときは、そのまま受け取り感謝の気持ちを持って普通にお使いいただいて構いません。縁起のいいお金には、よい波動が乗っていますから、使うときにはぜひ、さらにいい波動を上乗せするようなイメージで「ありがとう」という言葉と共に使ってください。

一方、縁起の悪いお金を受け取ってしまったとき、ネガティブな波動を受けないようにするために最もいいのは、銀行に行って新札と両替をしてもらうことです。そうすれば、あなたからネガティブな波動を持ったお金が離れ、新しくポジティブな波動を持ったお金がやってきます。どうしても銀行へ行く時間がない場合は、お金を使う際に心を込めて「ありがとう」という言葉を乗せて、早めに使うようにしてください。

SECTION
09

金運を上げる方法⑧
「出せば入る法則に従う」

お金を受け取るときは誰でも嬉しくて笑顔になれるものですが、お金を払うときに「嫌だな」と思ってしまうことはよくあります。クレジットカードの支払い明細書や何かの請求書が届き「嫌だなあ」とつい思ってしまうことはありませんか。従業員を雇って仕事をされている人で、従業員に毎月給料を支払うのが嫌だと思っている人もいるかもしれません。そういう人は結構いらっしゃるのですが、金運を引き寄せるどころか、金運が逃げていってしまう行動なので要注意です。どうしても自分の手から離れるのが嫌だと思ってしまう人は、金運を引き寄せる法則として「出せば入る金運アップの法則」というものがあることを知ってください。

お金に限らず、新しい価値をつかみ取る為には、一度手にしているものを手放す必要があります。この考え方のベースには、人にはそれぞれ運を入れるための器があり、引き寄せた運はそこに貯まっていくという考え方があります。

しかし、器には大きさがあるので、器がいっぱいの状態ではせっかく引き寄せた運をみすみす手放すことになってしまいます。より多くの運を掴んでいくには、器を大きくしていかなければなりませんが、その際に必要なのが、一度持っているものを手放すことです。一度きちんと手放すことができれば、そこに新しい運気を手にするスペースができます。

すると今度は、手放したモノ以上に大きくそして新しい運気が入ってくるのです。お金にも同じ作用が働いていて、お金を出すことで、次のチャンスや成長など、新しい価値をつかみ取ることができます。

この考え方に従うと、お金を出す行為は、あなたがより幸せになるための準備的な行為だと捉えることができます。お金を出すのは、あなたにより多くの幸せにしっかりつながっているのです。ですから、お金を出すときに、我欲が働きお金が出ていくことに恐怖や損をする不安などにさいなまれてイヤな顔をしたり、お金をなかなか払わなかったりという行為はやめた方がいいのです。たったそれだけで、お金にネガティブな波動を乗せてしまうので、自分だけでなく受け取る方もネガティブな波動になってしまい、人があなたから離れて行ってしまいます。

「出せば入る金運アップの法則」は、お金を払うときには喜んで送り出し、お金が返って来たときは喜びで向かい入れることが原則です。それから、この法則をお伝えするうえで注意していただきたいことがもう一つあります。それは、いくら出せば入るからといって、あと先考えず自分の欲望に従ってお金を使う場合は、この法則から外れていくということです。

この「出せば入る金運アップの法則」は、自分の成長のための学びに使うためや、家族の幸せのため、誰かを助けるため、あるいは世の中のためになるような目的で使われるときに大きく作動します。そしてこの法則では、お金を出したからといってお金で返ってくるとは限らないことも念頭に入れておいてください。お金はあくまで対価として使われるだけであり、あなたが受け取るときには、人脈や新しい知恵、楽しさ、チャンス、成長の機会など様々な形に変化して返ってきます。例えば、あなたが自分のスキルアップのためにあるビジネス講座を受講すると決めたとします。その受講料を仮に10万円だとしましょう。

あなたは、10万円を支払うことで新たなスキルを手に入れることができますが、一時的に10万円分の支出になります。けれども、その講座で得られたスキルによって新しいビジネスが生まれ、そのサービスを欲しがる人たちが集まり、結果的には最初の10万円を大きく上回る収入を得られることになったとしたらどうでしょうか。最初にお金を支払うという痛みはありますが、最終的にこのような結果が得られれば、十分満足できませんか。人は自分が損することをどうしても嫌がりますから、お金を出すことを渋りがちです。しかし、お金を支払う目的が、先ほどお話ししたような目的であれば、きちんと「出せば入る金運アップの法則」が働き、まわりまわってより大きな価値を手にすることができます。実は、この「出せば入る金運アップの法則」は、成功者になれるかどうかのバロメーターになります。この法則を素直に受け入れ、思い切った挑戦ができる人ほど、より大きな運を引き寄せ、チャンスを掴んでいきます。うまくいっている経営者は、このようなタイプの人が多いです。

反対に、どうしても先に自分が損をすることを拒んでしまう人は、挑戦することを避けがちになるので、ごくごく一般的な人生になります。もちろんそれで十分なら、何も問題はありません。しかし、成功者として長く幸せで居続けたいと願うなら、この法則を活用して自分の運をいれる器がどんどん大きくなっていくよう、ぜひ心がけてください。

SECTION 10

金運を上げる方法⑨

「徳積みで信用を貯める」

「徳積み」という言葉を聞いたことがありますか？

「徳積み」とは、小さくてもいいから日々の生活の中でよい行いをし、徳をためておくと、いずれ自分にいいことが返ってくるというものです。実はこの「徳積み」、金運を引き寄せるのに大変効果的です。

「徳積み」の大切さを説明するとき、私はよくセミナーや講座の中で「信頼貯金」という言葉に置き換えて説明しています。「信頼貯金」に貯められるのは、お金ではありません。「信頼貯金」では、あなたのいい行いによって生まれた「徳」を預けることができます。いいことやいい言葉、徳善や対価を求めない徳積み等は、貯徳として貯まり、あなたが必要なときに、素晴らしいサポートという形で返ってきます。

わかりやすくイメージするなら、あなたがいつも使っている銀行を思い出してみてください。私たちは、稼いだお金を銀行に預けますよね。私たちが日頃利用する銀行では、預金したり融資を受けたりすることができます。そして、一定額以上のお金を預けると、引き出すときに利子がつき、預けた金額よりも多くのお金を受け取ることができます。私がお伝えしている「信頼貯金」も同じような仕組みだと考えていただいて構いません。でも、「信頼貯金」の方が、スケールが大きく太っ腹。現実の銀行とは違い、いい行いに対しては、大きな幸運という利子をつけてくれるのです。

現実社会を生き抜くには、実際のお金を積立て、資産を構築し、それを大切に守っていくことも大切です。お金で返ってくる○○保険も大切な味方です。しかし、人生における苦難を乗り越えるときにサポートしてくれるのは、あなたが自身の力でコツコツ貯めた「徳」の力なのです。

第3章のまとめ

・金運を引き寄せるには、自分だけよりみんなの幸せを考えた方が効果的
・礼節を守ると人から信頼され、いいお金の流れが生まれる
・会食は、人との関係性を深める場所。金運につながるチャンスが生まれる
・お財布の中のお札は、できる限りいつも新札を入れておこう
・お金やお財布を大切に扱うと、お金に愛される
・お財布布団でお財布を休ませてあげる
・「ありがとう」や「ごめんなさい」など言霊の力を活用する
・縁起のいいお金を使うように心がける
・「出せば入る金運アップの法則」を意識すれば、もっと大きな運がやってくる

CHAPTER

4

良縁運を引き寄せる9の方法

SECTION 01

「良縁運を上げる考え方」

本章では良縁運を引き寄せる方法について紹介します。

良縁運とは、第1章で紹介した「人生の三大資産」のうちの人間関係に関わる運のことでした。良縁運が引き寄せられるようになると、たくさんの人と縁を結べるようになり、人脈豊かな人になれます。成功するためのチャンスは人が運んでくるといいますが、あなたがつくり上げていく人脈の中には、あなたを大きく成長させてくれるチャンスを持ってきてくれる人がいるかもしれないのです。良縁運を引き寄せれば人脈豊かな人になれますが、ここで注意したいのは、人間関係は知り合うきっかけをつくって終わりではないということです。

きっかけができても、その後の付き合い方によってはいかようにも変わります。人の「心」を扱わなければならないため、人間関係はそう簡単に攻略できるものではないということを、第1章の三大運の「良縁運」のパートでお話しました。では、どのようにすれば、ずっといい人間関係が築いていけるような良縁運が引き寄せられるのでしょうか。まずは、良縁運を引き寄せるうえで、特に大切になる考え方についてお伝えします。

いい人間関係をつくろうと思ったときに、大切だと思うことはなんでしょうか。きっと誰もがまず頭に思い描くのは、「思いやり」ではないでしょうか。思いやりとは、相手の身の上や心情に心を配ることですが、心から行う真の思いやりを実践できる人は、それほどいないのが実情です。人はひとりひとりが独立して生きていて、脳や神経回路がくっついているわけではありませんし、スマートフォンのように情報の共有もできません。情報の共有ができないということは、相手の身の上や心情を100%理解することは不可能で、私たちはいつも、「おそらく○○だろう」という推定のうえで関わりを深めようとしているに過ぎません。しかし、相手の考えが正確にわからないとはいえ、なんとなく相手の考えや気持ちが「わかる」と感じるときもあります。それはどのようなときかというと、「思いやり」を意識したときです。「思いやり」を常に意識すれば、すべてはわからなくても、なんとなく相手のことが理解できます。相手の目を見て共感しながら、ときには笑顔で、ときには一緒に悲しんで想いをわかち合う。100％理解できないとしても、相手があなたの思いやりの心を十分に感じ取ってくれれば、それでいいのです。

また、感謝することもいい人間関係を構築するのに大切なことです。感謝されて悪い気になる人はいません。どんな些細なことでも構わないので、周りの人を感謝する習慣にしていきましょう。感謝において重要な点は、見えない相手にも感謝の気持ちを示すことです。人は、目に見えないものの存在に対しては、感謝の気持ちを忘れてしまいがちです。ですが、実際に自分の目の前にいる人たちだけでなく、ご先祖様など自分のルーツとなる存在に対しても感謝の心を持っていた方が、良縁運は確実にアップします。

目に見えない縁にも感謝しよう

近年では、地元を離れて都心で生活する人が増えているせいか、ご先祖様を大切に思う心や習慣が薄れてきているような気がします。現に、お墓の在り方もこれまでとは異なるものがどんどんできています。たとえば、お墓をつくらない樹木葬やインターネットでの墓参りや墓参り代行などのサービスもそうした傾向の現れといえるのではないでしょうか。でも、そうしたサービスを通じてでもご先祖様を大切にしようという心があるのはいいほうで、最近は管理する人が居なくなった無縁仏が急増しているという話も聞きます。「先祖も親も関係ない。自分ひとりの力で成功した」と考えている方もいますが、私はそのような考え方はなるべく改めた方がいいと思っています。ご先祖様には会ったことがないため、ピンとこないかもしれませんが、私もあなたもご先祖様がいたからこそ、この世に存在できているわけです。両親から10代遡ると、その数は2046人にもなるそうです。多くのご先祖様に支えられて、今の自分があることを自覚し、ご先祖様へ日頃から感謝の気持ちを示しましょう。昔のように、お墓のすぐ近くに住んでいるとも限りませんし、既存のお墓に対する意識が変わってゆくのは、ある意味仕方のないことかもしれません。ただ、どんなに形式が変わったとしても、繋がりを大切に想う心はなくしたくないものです

ご先祖様や両親へ感謝する気持ちを持ちましょうといいましたが、その際に肝心なのが礼節を守ることです。礼節を尽くすことの大切さは、第3章の金運を引き寄せる方法のところでも触れました。第3章では、主にビジネスの相手に対する礼節につい

て述べましたが、家族や身内と呼べるような親しい間柄の人に対する礼節も忘れてはなりません。

「親しき仲にも礼儀あり」という言葉があります。多くの人が、親兄弟など、自分に近しい人に対して礼儀を欠く行動をとった経験があると思います。特に自分の母親に対し、きつく当たり、そのことを後悔している人もいるのではないでしょうか。お母さんという存在は、自分を産んでくれた唯一無二の存在です。自分を育ててくれた人は、お母さんだけでなくお父さん、おじいさんやおばあさんなど、多くの人が関わってくれています。そのことに対し、感謝を忘れていないでしょうか。身内だからといって、やってもらって当たり前というような行動を続けていないでしょうか。いい運を引き寄せるのに、極端な行動を取る必要はないのです。まずは自分の目の前にあるもの、身近にある人を大切にする。そんな些細なことからはじめてみてください。

SECTION 02

良縁運を上げる方法❶

「先に相手に利益を与える」

人は誰でも、本能的に自分のことを守るために自己防衛が働いています。

誰かに失敗を指摘されたときに、「悪いのは自分ではない」「怒られたくない」「逃げ出したい」と思ったことは、誰しもあるでしょう。このような考えや行動は、本能的なものですから、仕方のないことです。ですが、その本能のままに「とにかく自分は絶対に悪くないと主張する」「うそをつく」「他人を売って保身に走る」など、自分を守ることだけを考えるようなことはよくありません。

「自分さえよければ、他人がどうなっても構わない」という考えしか持てなくなったり、その考えに基づいた自分勝手な行動に走ったりするのは、いい人間関係づくりに必要な行動とは真逆の行動です。

自分さえよければいい、あるいは自分の利益だけ守るという考え方は、利己主義というものです。この世で生きていくためには、自分の利益をまず考えないと生活ができませんし、自己防衛は本能的なものなので利己主義的な思考を持ちたくなるのも、理解できないわけではありません。利己主義＝悪と捉えがちですが、自己防衛が本能的なものである以上、利己主義をゼロにすることは現実的ではありません。ですから、むしろゼロを目指すのではなく、自分の中に共存させる方がいいのかもしれません。この社会はネガティブとポジティブ、損と徳、喜怒哀楽などのいわゆる「陰と陽」がバランスよく成立することで、調和しています。

私は40年以上運について研究し、実践してきた結果、この現象についてのある法則性に気が付きました。それは、利益を得る人の対象と順番を変えるだけで、巡り巡って、最後は自分の元に幸せが戻ってくるという法則です。先に自分が利益を得るのではなく、相手を先にして利益を与えると、場の雰囲気が変わって相手の気持ちが変わり、結果的にすべてが順調に循環するようになります。これを私は、「利他は利己に還元する（相手に先に利益を与えると、巡り巡って結果的に大きい利益に育成されて自分に戻ってくる）」として、これを「利他の法則」と名付けて運を引き寄せるために活用しています。

たらいの法則で多くの幸運を受けとろう

「利他の法則」をよりわかりやすくするために私が考えた「たらいの法則」というものがあります。たらいの法則とは、たらいに入った水は、自分の方から相手の方に押しやると、その反動で水が自分の方に寄ってくる現象に基づき、先に自分が相手に親切にすると、自分の元へ親切が返ってくるという法則を表したものです。この法則に気付き、利他の法則を人生や経営に活用することで「人生を豊かにする為のコツを掴むことができた」と感じました。「利他の法則」を活用することこそが、結果的に「究極の利己に還元する法則」であるとさえ感じるようになったのです。日本の精神文化には、まず相手を優先して、自分のことを二の次にするという考えがあります。「お先にどうぞ！」というのが、それです。この「お先にどうぞ！」という言葉には、利他の心が反映されています。日本人はよく道徳心に優れた民族であると世界から賞賛されます。利他の心が、日本人の心を美しくし、優しさにつながる行動を取らせているのではないかと思います。

利他の法則を日常的に実践していくと、それは「徳積み」となって、信頼貯金に貯徳されていきます。信頼貯金は、第3章の金運を引き寄せる法則のところで説明しましたね。貯徳の一回一回は小さなものであったとしても、年数をかけて貯徳することで大きくなり、それが想像以上のものになって自分に還ってきます。この現象のことを、私は「年輪の法則」と呼んでいます。利他の心に基づいて実践することで積み重なった徳は、年輪のように広がり、大きく立派な木のように成長していきます。大きく成長した木は、大きな森をつくり、多くの生命のよりどころになるなど、小さかった苗木からは想像もできないほどの豊かさを与えてくれます。つまり、年輪の法則では、自分の積んだ徳以上の、想像以上のものが、自分はもちろん他人にも与えられ、豊かな人間関係がつくられていくのです。

SECTION 03

良縁運を上げる方法❷

「陰褒め（かげぼめ）をする」

あなたは、ネガティブな印象のある「陰口（かげぐち）」についてどう思いますか？その人がいないときに、コソコソとその人の悪口をいうことを「陰口（かげぐち）」といいます。他人との意見の違いや、同意できない考え方や行動をあげつらい、その人が不在のときに、ここぞとばかりに批判する人がいますよね。いっている本人の気は晴れるのでしょうが、見ていてあまり気持ちのいいものではありません。陰口をいう習慣がある方には、同じ陰口仲間が集まることはあるかもしれませんが、心ある方々は離れていきます。そして陰口をいう人自身の運気も激減させてしまうので注意ください。どうせやるなら、「ポジティブな陰口（かげぐち）」＝「陰褒め（かげぼめ）」をおすすめします。

陰褒めとは具体的にどのようなものでしょうか。わかりやすく説明するために、日ごろありがちな場面をイメージしてみましょう。新入社員のAさんは仕事に前向きに取り組んでいましたが、新人であるがゆえに、仕事の出来栄えにいつも不安を感じていました。直属の上司であるB課長からは、「よくやってくれているね」「さすがだね」と声をかけてもらうこともしばしばありましたが、新人だから気を遣って声をかけてくれているのだとAさんは思っていました。ですからAさんは、そのような上司からの声掛けに対し、「まだまだです」「そんなことはないです」などと、謙遜した態度をとっていました。

あるときAさんは、B課長の上司であるC部長から声をかけられました。

「Aさん、B課長から聞いたけど、よく仕事に取り組んでいるみたいだね。B課長が優秀な社員が入ってくれてよかったと、君のこと褒めていたよ」

それを聞いたAさんは「B課長は私に気を遣ってくださっていたのではなかったんだ。本心だったんだ」とうれしくなると同時に自信にあふれ、これまで以上に素晴らしい仕事ぶりを発揮するようになりました。

このような話を、あなたはどのように感じるでしょうか。当の本人がいないところで、その人の話をすることは陰口と同じですが、陰口と違うところは悪口ではなく、いい話というところです。また、陰口は基本的には仲間内だけの陰湿さがありますが、こちらは仲間内だけではなく、いい話としてどんどん波及していきます。波及すると、褒められた人が、特に何もしなくてもその組織の中で、「その人は優秀らしい」という認識、つまり株が上がっていきます。仕事は優秀な人に回ってきますので、突然プロジェクトに抜擢されたり、思わぬ引き立てにあったり、出世したりといったいい流れが生まれるのです。

流れに乗り、いい状況になるのは褒められた本人ですから、陰褒めをした本人に何もないかというと、そうではありません。褒められた人は、褒めてくれた人を忘れずに覚えています。仮に褒められた人がどんどん出世していったときに、「(褒めてくれた、自分を認めてくれた)あの人のおかげです」という感謝の気持ちを発信したときに、今度は褒めた人の評価が上がるのです。

第2章では、イチロー選手がいつまでも、自分を起用しチャンスを与えてくれた仰木監督のことを恩人といい続け感謝を表していることをお話ししたと思いますが、イチロー選手が仰木監督の名前を口にすることで、巡りめぐって仰木監督自身の評価も上がっているのです。陰褒めなら、褒めただけで勝手に評価が上がります。陰口なんかよりも素晴らしいと思いませんか。

SECTION
04

良縁運を上げる方法③
「信用を積み上げ、信頼をつくる」

「信用」と「信頼」という言葉があります。この2つの言葉はとてもよく似ていますが、意味するところは全く異なります。次の言葉を見てみましょう。

○△信用金庫
○△信頼金庫

前者は私たちがよく使う金融機関の名前によく使われています。でも、後者のような名前がついた金融機関は存在しません。これは、先に述べたように「信用」と「信頼」の言葉の意味合いが全く異なるためです。

使われているのは、「信用」の方。「信用」とは、確かなものと信じて受け入れることです。あるいは、それまでの行為や実績などから信頼できると判断すること。また、世間が与えるそのような評価という意味があります。信用とはつまり、これまでの行為や実績から判断されるものということです。信用金庫は金融機関ですから、その人、会社の信用（すなわち過去の実績から信頼できると判断する）に基づき融資をします。信用できない相手には融資しません。なぜなら、確実に返済されるかわからないからです。

一方「信頼」ですが、こちらの言葉には「信じて頼りにすること。頼りになると信じること。また、その気持ち」という意味があります。「頼」には「あてにする」という意味があるので、信頼とは「相手の行動をあてにすること、期待すること」と解釈できます。先ほどの「信用」が相手の過去の行動および明確な根拠・実績をもとにした言葉であるのに対し、「信頼」は不確かな相手の未来の行動を期待する言葉ということになります。「信頼」金庫が無いのは、根拠もないのに不確定な未来の行動に融資はできない、といった考えによるものだと思います。

さて、ここまでは信用と信頼の違いについて述べました。信用と信頼の違いを明確にすることが、運と何の関係があるのかと思う方もいらっしゃると思いますが、大ありなのです。

信用と信頼では、相手の見るべきポイントが変わりますし、相手も自分に対して見るポイントを変えてきます。言葉の違いを明確にすることで、行動が変わるのです。

信頼は先ほど述べたように、不確定な未来の行動に対する期待ですが、無条件で信頼する人はそういないと思います。初対面の相手に対して、会ってすぐに信頼することは難しいですよね。少なくとも、信頼するには、その人の人柄や考え方などを知らないと難しいでしょうし、ビジネスでの取引では、人柄だけではなく、仕事に対する信用が必要になってきます。

つまり、信頼の前には信用をつくることが必要ということです。実績によって信用をつくり、その後で「この人ならやってくれる」という信頼が生まれます。信頼に応えればそれが信用になり、新たな信頼が生まれ、さらに強い信頼関係を築くことができるようになります。信頼関係を築くことができれば、そこから新たな人間関係が生まれ、多くのビジネスチャンスや成功をつかみ取ることができるようになるのです。信用と信頼を上手に活用し良縁運を引き寄せて、成功と幸せを手に入れていきましょう。

SECTION 05

良縁運を上げる方法❹

「ツイているときこそ、人に与える」

運勢バイオリズムは常に循環しています。いいときがあれば、悪いときもあります。

人生を俯瞰してみると、いいときも悪いときもあり、ある一定の法則性に気がつきます。いいときや悪いときはバイオリズムのように循環しながら常に変化しているのです。いいとき、悪いときはある一定期間は続きますが、必ず波のように反対方向に変化していくのです。

そこで、ツイているときに更に運気をアップして、悪いときでも運気を補う方法をお伝えします。それは、「ツイてるときは与えどき」ということです。これはよくあることですが、自分がツイているときは、すべて自分の実力でできていると勘違いし、周囲のお陰で順調にいっていることに気がつきません。だからこそ、ツイているときや運がいいと感じるときは、ご縁のある方に必要なことを可能な形で与える姿勢をとるのです。すると、結果的に更に運気を上げることになります。この「徳積み」行為がある一定以上になってくると、「信頼貯金」に貯徳され、自分が必要なときに、必要な形で戻ってきてサポートしてくれるようになるのです。

信頼貯金にたくさん貯徳されると、想像以上の大きな幸運になるということは、先ほど「年輪の法則」としてお話しましたね。

幸運のとき、よいときにこそ、リスクをとって与えることを実践していきましょう。自分の力だけでここまで成功したのだと、けして自惚れないことです。

逆に、悪いときには、幸運の種を探して希望を持って地力をつけていきたいものです。成功者はいいときにこそ、リスクをとって人に貢献してきた方々です。しかし、せっかくいいときなのに現状に満足してしまい、安全第一でことなかれ主義を貫き、リスクをとっていかないと大きく失敗することもないのですが、おそらくそれでは、心の底から喜べるような体験をすることはないでしょう。

人生の中で自分の使命を全うし、魂や心の底から喜びの人生にするためには、ある一定のリスクをとる必要があります。苦難を乗り越えたところに人生の醍醐味をあじわうことができるのです。そして、そのときに必要なのが、本書の中で繰り返しお伝えしている「運のよさ」や「運の強さ」なのです。

ついていないときに、リスクを取る必要はありません。幸せの種を探し、希望を持って生きることが大切です。でも、自分はツイてきはじめたと思ったら、リスクをとってでも人に与える行動をしていきましょう。この意識と行動こそが、新しい幸運を引き寄せて、長続きさせるコツなのです。人生における成功は、運の要素が占める割合が大きいのですが、運とどのように関係性を持ち、運をどのようにコントロールするのかは私たちの意識や気持ち次第なのです。

SECTION
06

良縁運を上げる方法⑤

「相手の価値観を受け入れる」

人間関係は、常に自分と他人という相対的な関係性が成り立って存在しています。自分と他人は、完全にわかりあうことができませんから、自分の想いや考え方を明確にして相手に伝えたり、相手の主張を聞いたりして対応することが求められます。

しかし、これが実に難しいことなのですよね。自分と他人は、違うからこそ面白いのですが、その違いはときに両者にすれ違いをもたらします。相手の主張が理解できなかったり、感情的になっていたりすることがあるのです。このようなときに大切なのは、「受容する力」。つまり、相手を受け入れる力のことです。

「受容する」とは、ただ相手を受け入れて共感するだけではありません。相手を受け入れ、どうしても受け入れられない事柄があるときは、その違いに固執して自分を主張するのではなく、「溶（と）かす」努力のことです。相手が感情的になっているときも、理解できないときも、一旦受け入れて話を聞きます。反論するのではなく、心の中に溶かしていくイメージです。なぜそんなことをする必要があるのか、と思われる人もいるかもしれません。でも、相手との関係性をよりいいものにしていくためには、自分の考え方を大切にするのと同じように、相手の考え方を大切にする意識や姿勢が大切です。もちろん、ときには論議することも大切だと思いますが、最終的には「受容する力」により、相手を理解して、共によりよい未来をつくろうとする姿勢こそが大切だと思うのです。人間関係においては、いつどんなことが起こるか予測ができません。誰かに裏切られるほどではなくても、相手に対して怒りを覚えることなど、しょっちゅうあります。そのようなときに必要なのは、相手を許す心です。相手を許すことについてあまり重要に捉える人は少ないのですが、気にしていないといいつつも、実際は何かしらわだかまりを抱え続けることが多いはず。それくらい、自分を傷つけた相手を許すことは大変なことなのです。

良縁運をアップさせるのに、円滑な人間関係は欠かせません。でも、あなたがいくら円滑な人間関係を築きたいと思っていても、相手があなたの思うように動いてくれるとは限りません。相手が自分の思い通りに動いてくれなかっただけでなく、結果的に自分が傷つけられたときこそ、あなたの人間力の真価が問われます。相手を許し、広い心を以て、接するようにしていきましょう。成功は、自分の力だけで達成できるものではありません。必ず、他者の力が必要なのです。他者の力を借りながら、自分自身の夢や目標を叶え、成功していくためにも、相手を受け入れ許していく……。このような意識や姿勢こそが、あなたを成功に導く良縁を引き寄せます。

SECTION 07

良縁運を上げる方法❻

「良縁があると決めて行動する」

人間関係は運と同じで、その良し悪しには波があります。人とうまくいく、素敵な人との出会いが続くときもあれば、突然人から裏切られたり、人が離れていったりすることが続くときもあります。うまくいっている間は、すでにお話したように、礼節を忘れないとか、利他の心で信頼を構築するといったことを心掛けていただければよいのですが、人間関係でうまくいかないときはどのようにすればよいのでしょうか。

人間関係がうまくいかないとき。これは運がよくないと感じるときもそうなのですが、まずはとにかく信じることが大事です。人間関係に悩みがあるなら、「自分は良縁に恵まれる人間である」と信じ切ることです。私は普段、「心が先で結果は後からついてくる！」とお伝えしていますが、これは、結果は心が決めたことに対して起こるという意味です。

人間関係に当てはめるなら、今は人間関係がうまくいっていないけれど、必ず改善する。素敵な人たちに囲まれて楽しく幸せに生きられる。そう決めれば、そのような結果が後からきちんとやってくるということです。ですから、今はまだそうでは無いとしても、まず心の中で「良縁がある！」と決めて動きはじめてみるのです。「信じる力」はトレーニングで育成できる能力です。しっかりと自分には良縁があることを信じ切ることで、いい人や事柄と出会う確率がどんどんアップしていきます。

信じて決めるだけで結果が変わるのには、きちんと理由があります。それを説明するには、時間は未来から現実に向かって流れるという考え方を知っていただかなければなりません。時間は未来から現在に向かって流れるというのはどういうことかというと、つまり、人は未来にこうなると決めたイメージに向かって進むことができるということです。私たちは普段全く意識をしていませんが、常に未来の自分の姿を決めてから行動しています。

あなたが旅行へ行くときのことを考えてみましょう。「〇〇へ行きたい」と決めたら、そこへはいつ行くのか、誰と行くのか、どうやって行くのか、どこへ泊まるのか、いくら用意しておくかといったことを決めていくはずです。旅行の計画は、未来の自分が旅行先で楽しんでいることを決めたからこそ行われることです。旅行に行って楽しんでいる自分の姿をイメージし、「旅行に行こう」と決めなければ、計画を立てることなどするはずもありません。つまり、未来に「こうなりたい」というイメージがあるからこそ、人は動けるということなのです。それは、夢や目標、旅行などの特別なことだけに限った話ではありません。明日のプレゼンではこうしようとか、今度友人に会ったときにこのことを話そうといった日常でも起こっていることです。あまりに当たり前すぎて、わざわざ意識していないだけです。

人間関係でうまくいかなくても、おそらくそれは一時的なものでしょう。あまり深刻にならず、とにかくいい人間関係に囲まれて幸せでいる自分をきちんとイメージしましょう。そして、イメージしたことはきちんと現実になると決意するのです。決意することで、行動が明確になり現実化のスピードが早まるからです。良縁を得て、よりよい人間関係をつくり協力して想いを実現すれば、明るく楽しく喜びの世界に近づきます。日々「良縁がある」と決めて行動してワクワク楽しい人生にしていきましょう。

SECTION 08

良縁運を上げる方法⑦

「相手のいいところを見つけて尊敬する」

人の言動を見て、自分との違いに「おかしい、変だな」と思うことってありますよね。そうした違和感のようなものを抱いた経験は誰にでもあると思いますが、「当たり前」と「おかしい、変だな」と思う内容や基準は人によって違います。人との間に価値観の違いを発見したとき。それがたとえば、自分にとっては受け入れ難いことだった場合、あなたはどうしますか。「あの人のあの考え方はありえない」というふうに、頭から否定されるでしょうか。それとも「自分とは違うけど、そういう考え方もあるのか」と新しい発見という感じで捉えることができるでしょうか。

先ほど、相手を受容する心が大切だとお話ししましたが、良縁運を引き寄せるには、相手との違いを否定するよりも、新しい価値観に触れられたというようなポジティブな感覚でいた方がよいです。日ごろから、相手の長所を積極的に見つけること、短所についてはその裏側にある価値観の理解を深めていきましょう。そして、見つけたり感じたら、長所については素直に感じたままに、そのいいと感じたことを言葉にして伝えていきましょう。

短所については、相手自信が気付いている場合、気付いていない場合があります。裏側にある価値観を理解し、それを相手とわかち合い、共感できれば、相手の短所も丸ごと含め、よき理解者になれると思います。そうすることで、お互いがいい関係になるのはもちろん、そこから人間関係が広がっていく可能性も十分にあることでしょう。

これは私が座右の銘として常に心に刻んでいることですが、「万象は我が師匠である」という言葉があります。これの意味は、自分以外はすべて師匠であり、自分が人として存在する為に気付きを与えてくれる存在であるということです。いいことも、悪いことも含めてこのように捉えて行くとわだかまりがなくなり生きやすくなります。この世の中で出会う人たちは、すべてあなたにとって意味のある人たちです。あなたにとって幸せをもたらしてくれる人もいれば、そうでない人もいます。もしかしたらただ傷つけられるだけの出会いもあるかもしれません。

しかし、どのような出会いであったとしても、あなたにとってはすべて意味のあることです。ですから、その出会いから何を学んだのかを振り返ってみてください。なぜ自分はこの人と出会うことになったのか。そんな着眼点で人間関係を考えてみると、様々な発見があるはず。

人との関わりにあなたなりの解釈ができれば、どんな関係性であったとしても大切に思えるのではないでしょうか。特に結婚生活においては、この考え方が有効です。私は以前、結婚生活を続けるコツとして「誤解で結婚して理解で生きろ」と教えられたことがあります。一説には、大いなる者は「種の保存」の為に、相手のいい所しか見えない状態にして結婚させ、子孫をつくり人類が存続する仕組みをつくったそうです。しかし、結婚すると今まで気付かなかった短所や価値観の違いに気付きはじめるので、お互いに相手の価値観の違いを認め合い理解し合って生きることが必要であるという意味の教えです。

自分を含め、人には長所も短所も有るからこそ人間なのです。そしてだからこそ、人間は面白いのです。いいところを見つけて認め合って生きるのか、悪いところを見つけて指摘しながら生きるのか。どちらの生き方もできますが、できることなら相手のいいところを見つけて言葉にして伝え合い、明るく笑顔で楽しい人生をつくっていきたいものです。

SECTION 09

良縁運を上げる方法❽

「トイレ掃除をして良縁運をつける」

良縁運を引き寄せる極意としてこの方法をお伝えすると、決まってみなさん「えっ！」と嫌そうな顔をされます。それは何かというと、良縁を引き寄せるためにはトイレ掃除が絶大な効果を発揮するということです。トイレ掃除というと、「汚い！」「くさい！」と考えてしまうかもしれませんね。

最初は少し気になるかもしれませんが、一度キレイに掃除すると、次の日は意外と気にならなくなり、キレイなトイレを見ることで、気持ちがスカッとするものです。毎日トイレ掃除を続けると、やがては習慣化され、それほど苦にならなくなります。なぜ私が突然トイレ掃除を勧めるのか。それは私自身の体験によるものです。ここで少し、私が体験した「トイレ掃除4つの開運効果」についてお話ししたいと思います。

【トイレ掃除の開運効果①　気付く力がアップする】

「トイレ掃除は汚い」とか「何で私がやらなきゃならないの？」と思うことは至って普通のことです。ですから、「やらぬもよし、やればなおよしトイレ掃除」と考えていただければいいと思います。反対にトイレ掃除する決意ができたら「開運効果の80％を獲得」したことになります。そのうえで、「私がトイレ掃除をする」と決意する気力が湧いてきたらしめたモノです。

人生は決断の連続で、やろうか、それともやめようかという迷いはどんなことにもつきまといます。でも、迷いの時間が少なく、即座に決断できるのが成功者です。トイレ掃除は、「決断する練習」に最適です。「汚いから嫌だな」というこの迷いの思考回路を、「トイレ掃除を習慣化する」という決断に変えていくことで、想いを実現する力を鍛えられます。トイレ掃除は、人生の決断力をアップして、結果を獲得するマインドを養う最善の方法なのです。

それだけではありません。トイレは、その場所にもよりますが、お客様や取引先の人が使用する可能性が十分にあります。トイレが汚いとそれだけで「だらしがない」

「経営状況がよくないのかな」「自分たちのこともぞんざいに扱われそうだ」と勘ぐられたり、ネガティブなイメージを強く与えてしまったりする可能性があります。実際、その人の人格や会社の体制を見抜くために、トイレをチェックしている人は多いです。トイレを清潔に保つことは、けしてあなたにとって損なことではありません。

【トイレ掃除の開運効果② 感謝する心が生まれ、人からも感謝される】

私はトイレ掃除をしているとき、無心の境地になります。また、一心を込めて便器をキレイにしていくと、他のことを考えずに集中できます。そして、今まで誰かがトイレ掃除をしてくださっていたこと、逆に便器の立場になって考えると、自分の汚物を垂れ流していても文句もいわずに受け取ってくれていたこと等がありがたくて感謝の心が湧き上がってきます。

家のトイレ掃除をしていると、家族から「ありがとうございます！」と感謝される機会も増えるようになりました。人がやらない汚いと思われることを進んでやることで、一番大切な家族の役に立ち、自己肯定感が上がります。

また、職場などで掃除をする機会があれば、率先してトイレ掃除の役に手を挙げましょう。トイレ掃除を積極的にやりたがる人は、まずいません。他人が嫌がることを積極的にやる人は、他人の印象に残りますし、周りから「いい人」と認識されるでしょう。「いい人」には「いい話」が舞い込みやすくなります。同じ掃除時間にフロアのモップ掛けや掃き掃除をするぐらいなら、トイレ掃除をしましょう。トイレを掃除するだけで評価も上がり、感謝もされ、いい話が向こうからやってくるようになるのです。

【トイレ掃除の開運効果③　「何があっても大丈夫」と思えるようになる】

ゴム手袋をしてトイレ掃除するのは問題ありませんし、むしろそれが普通です。ここからお伝えすることは、もし「気持ちが悪い！」と思ったらやめてください。

上級者は素手でトイレ掃除を行います。汚物が付いていても、とにかく素手でキレイに拭き取るのです。素手でのトイレ掃除の作法を全うする為には、ある意味、勇気に加えて覚悟が必要です。ある意味、自分の先入観念との闘いを乗り越える必要があります。私の体験では、この境地に至ると「何があっても大丈夫！」という人間の器が一つ大きくなったような感じがします。

そして、それに合わせるように、今までにはない奇跡的な出逢いや、金運に恵まれ一桁上の開運効果を獲得できてきたのです。とはいえ、無理はしないでくださいね。あくまでも、トイレ掃除を続けることが運気をアップするコツなのですから。

【トイレ掃除の開運効果④　いいタイミングで良縁成就する】

トイレ掃除を積極的に行う人は、「いい人」という認識が広がることでしょう。「いい人」には、人が集まりやすくなります。

しかも、ただの「いい人」ではなく、トイレ掃除に積極的な、人が嫌なことでも進んで行ったという実績付きの「いい人」です。きちんとした裏付けのある「いい人」には、良縁が多く舞い込むでしょう。その中には、生涯の友人になる人や、恋人になる人、結婚相手になる人もいるかもしれません。人生の困難が続いたり、いい出会いがなかったりするときはトイレ掃除をおすすめします。

SECTION 10

良縁運を上げる方法⑨

「人から受けた親切を忘れない」

人に対して親切にしたり、力を貸してあげたりすると、された方はその恩を覚えているものです。そして、いつかあなたに恩を返したいと相手は一生懸命努力します。あなたが相手に対し惜しみなく貢献すればするほど、相手のあなたに対する感謝の気持ちは大きくなります。そして、その感謝の気持ちが大きくなればなるほど、あなたに返ってくる幸福は、あなたの想像を超えるようなものになります。誰かのために惜しみなく自分の力を使えるなんて、とても素晴らしいことだと思いませんか。なぜならば、人を助けることは自分に力がなければ成立しないからです。誰かを助けることができるということは、つまりあなたにそれだけの力が備わっているということなのです。自分が窮地に陥っているときやミスをしたときや、チャンスに恵まれず悩んでいるとき、そんなときにあなたに対し惜しみなく力を注いでくれた人が、ひとりくらいはいるのではないでしょうか。もしそのような経験があるなら、その恩は忘れずに覚えておきましょう。受けた親切や恩を忘れず、その思いを持ち続けられれば、良縁運に見放されることはありません。

しかし、親切や恩を受けてばかりで全く返していかないのは、人間関係のバランスを崩します。受けた恩は忘れずに覚えておき、相手が喜んでくれそうな、成長した自分の姿を見せられるように努めましょう。何かお礼ができるなら、尚、素晴らしいですね。

中でも最もしてはいけないのは、恩を仇で返す行為です。受けた恩を忘れ相手を裏切るような行為は、相手を傷つけるだけでなく自分の信用を落としてしまいます。

信用は一度失くしてしまうと、再びつくり上げるのは困難です。相手を裏切るような行為は、信用をゼロにするのではなくマイナスに引き下げてしまうからです。人付き合いが希薄になりがちな現代ですが、せめてそういった行為はしないように心がけましょう。万が一相手を裏切るような結果になってしまったら、すぐにかつ丁寧に謝罪しましょう。

第4章のまとめ

・良縁運を上げるのに大切なのは、思いやりの心、感謝、礼節を尽くすこと
・利他の心を大切にし、自わから相手に親切にしよう
・相手に先に利益を与えると、年輪の法則でますます運気アップ!
・陰褒め(かげぼめ)すると、相手も自分も幸せになれる
・人間関係はまず信用。それから信頼を築いていこう
・未来を決めて行動すると夢は叶う
・ツイているときは、どんどん運を配ろう
・受容する力を身につけよう
・自分は人に恵まれると決めて行動しよう
・相手のいいところを見つけて尊敬しよう
・トイレ掃除を積極的にやろう

CHAPTER 5

健康運を引き寄せる9の方法

SECTION
01

健康運を上げる考え方

この章では、三大運の「健康運」を上げる方法について紹介していきます。まずは、健康運を上げていくために必要な考え方についてお話しましょう。

健康運を引き寄せるうえで大切になるのは、心の健康と体の健康です。私たちは健康というと、体の健康ばかりを気にしますが、心の健康も無視できません。心と体のバランスが大切であり、どちらが欠けても幸せな人生とはなりにくいものです。特に心の健康の状態は、目に見ることができませんので、自分自身で感じる能力が必要です。

SECTION
02

健康を上げる方法❶

「健康三大要素のバランスを保つ」

「健康」は、次の三大要素で成り立っています。それは、「適度な運動」「質のいい食事」「良質な睡眠」です。

これら3つの健康の三大要素は、それぞれバランスを保つことが大切です。当たり前のことだと感じるかもしれませんが、これらを常に毎日バランスよく保ち続けることはなかなか難しいのではないでしょうか。読者の中には、仕事で日々多忙な人も少なくないでしょう。おそらく、少なくともこの3つの要素のうちのどれかひとつは、バランスを欠いている状態にあると思います。もしかしたら、3つともすべて不十分になっている可能性もあります。この3つの要素はどれも等しく大切なのですが、運を引き寄せるという考え方でいえば、最も重視したい要素は「良質な睡眠」です。

SECTION 03

健康を上げる方法❷

「寝ている間に運を取り込む」

私が紹介してきた運を引き寄せるための方法を実践するうえで、その効果をさらに高め、運を引き寄せやすい状態にしてくれる方法があります。それは、毎日の睡眠です。睡眠時の私たちの体は、どこにも力の入っていない状態ですよね。いわゆる自然な状態です。そのような自然な状態でいられるとき、人間は運の流れと調和しやすくなると考えられています。要するに、運を取り込みやすい状態になるということです。

人間の能力は2種類あり、起きているときに活性化する「顕在能力」と寝ているときに活性化する「潜在能力」というものが存在するといわれています。顕在意識と潜在意識の割合は、起きているときに活性化する「顕在能力」が1%にも満たない位なのに対して、寝ているときに活性化する「潜在能力」はなんと99%以上もあるといいます。これは科学的に完全に立証されてはいないそうですが、寝ているときに活性化する「潜在能力」には計り知れない能力があることを私は何度も体験していますし、このことは、既に他の引き寄せに関する本を読んだことがある人であれば、一度くらいは見たことがあるかもしれません。潜在意識には、驚くべき力があり、自分の願望を叶えたり運を引き寄せたりするには、潜在意識の力を借りるべきということはよくいわれます。しかしながら、この潜在意識には力がありすぎるために、いくつかの注意点があります。あまり知られていないことですが、本書では正しく潜在意識を活用してもらうために、その注意点についてお伝えします。

【潜在意識の特徴と注意点】

潜在意識を活用するうえでの注意点の前に、潜在意識がどのタイミングで私たちと関わるのかをお伝えします。

潜在意識は無意識の状況で活性化するものである。

⬅

脳波がアルファ波になる寝入りばなに、顕在能力と潜在能力の間にある扉が一瞬開く。

➡ 扉が開くタイミングで、顕在意識で創造したことが潜在意識に送り込まれる。

➡ 潜在能力は送り込まれたものを、そのまま日常に反映する。

このような流れで、私たちは潜在意識に日々触れています。

潜在意識は、善や悪を区別しないという特徴があります。先ほどお伝えした流れの中に、顕在意識で創造したことが潜在意識に送り込まれるという部分がありました。潜在意識には、善悪を判断しないまま顕在意識で創造したことを日常に反映する力があるということは、すなわち、あなたがポジティブに過ごしていればポジティブを、ネガティブに過ごしていればネガティブを現実に反映させるということなのです。お気付きかもしれませんが、本書では一貫してポジティブな言動をとることをおすすめしています。それは、日常生活で生まれる顕在意識が潜在意識に影響してしまうからなのです。

これが、潜在意識を活用するうえでの注意点です。日常で考えたことがそのまま反映されると聞いて、少し怖くなった人もいるかもしれません。たとえばある人に対して、たまたま腹が立つことがあったら、その意識がネガティブなものとして潜在意識に取り込まれてしまうのですから。そう考えると、普段意識していないだけで、どれほどのネガティブなものを送り込んでいるのかとゾッとしてしまうかもしれません。でも大丈夫です。日常の中で多少のネガティブなことがあったとしても、次の方法でその影響を緩和させることができます。

潜在意識にポジティブなイメージを送り込む方法

①日常でポジティブな言葉を使う習慣をつくる。

⬅

②眠る前に、既に夢や目標が達成したイメージを言葉（過去完了型）にする。

⬅

③寝入りばな、楽しい気持ちになり安心して眠る。

この手順で入眠すれば、ネガティブなことが緩和され、ポジティブなイメージが潜在意識に取り込まれます。潜在意識を活性化させると、奇跡的なご縁やサポートに恵まれ、人生が想像以上の人生に展開しはじめます。運は夜つくられると心得、今日からぜひ実践してみてください。

SECTION 04

健康を上げる方法③

「森林浴でリラックスする」

仕事や家庭のことで疲れ切ってしまったときは「森林浴」が効果的です。

森林浴は、大自然の中で心と体を共に癒す健康運獲得法であり、自然のパワーを借りるので、健康運を一気に取り込むことが可能です。

森林浴とは、森や林などへ行き、樹木に囲まれて過ごすことで精神的な癒しを求めようとする行為のことです。森林浴という言葉が誕生した当初は、健康促進として注目されましたが、近年では心にも作用することが注目されはじめ、セラピーとしても取り入れられています。

森林浴は、自然美を再評価し、積極的に森を増やしていくことを目的に生まれた心身のリフレッシュ方法なのですが、心身はもちろんのこと、人生にとってもポジティブな影響力があります。

【森林浴効果の源とは】

森林浴に効果があるといわれる理由には、「フィトンチッド」と「マイナスイオン」という二大要素が関わっていると考えられています

フィトンチッドとは、植物から放たれている化学物質のことです。森林に行くと、ある種の特徴的な匂いを感じますが、この匂いの正体こそがフィトンチッドによるものとされています。フィトンチッドには、森の空気を中和する作用があります。大自然の中で発生している自然現象で、枯れ木や落ち葉、生物の死骸などの悪臭が気にならないのは、フィトンチッドが消臭と脱臭を行ってくれているからなのです。森林に常にきれいな空気が漂い続けているのはそのためです。さらに、フィトンチッドには人間の心を落ち着けてくれる効果もあるといわれています。森林に行くと心が安らぎ、リラックスしてしまうのは、フィトンチッドの力が大きいといえるでしょう。

また、森林にはマイナスイオンが多く存在するといわれています。マイナスイオンは、空気を清潔かつ、さわやかに保ってくれる物質で、マイナスイオンが大量にあると、心地よく過ごすことが可能になります。このマイナスイオンは、私たちの日常の

中にも存在します。マイナスイオンは、水気の多いところに多く存在するため、洗面所やお風呂などが最もマイナスイオンに触れられる場所です。

マイナスイオンは自律神経系の副交感神経に働きかけ、筋肉の緊張をほぐしてくれます。それだけではありません。マイナスイオンは、細胞を活性化させて疲れを癒してくれる効果もあるのです。

このように、森林浴には心身の健康に効果的といわれるものが豊富にあります。ですから、健康運をアップさせていくためには、森林浴を積極的に活用しないともったいないのです。定期的に森林浴に行ける人はなかなかいらっしゃらないと思いますが、休日など時間の取れるときに、意識的に出かけてみましょう。

森林浴は誰もが気軽に楽しめる療法です。自然体で森の中を散歩することが代表的な実践方法だといえるでしょう。ただ歩くだけでなく、森の景色、生き物の存在などをかみしめるように認識しながら過ごすことでストレスから解放されることでしょう。また、疲れたら自然の中でゆったりと瞑想をしてみると更に効果がアップします。深呼吸をすると、樹木の香りをより強く感じられるようになり、森林の持つ「生命を活性化する力」を分け与えられることで、健康運を多く引き寄せられるはずです。

SECTION 05

健康を上げる方法❹

「ストレスをためない」

健康運を引き寄せるには、心の状態が大切だとお伝えしてきましたが、心の健康状態に大きく関わるのは、ストレスです。心の健康を保つには、ストレスとうまく付き合うことが求められます。

まず、ストレスをストレスにせずに未然に防ぐ防御策からお伝えします。あなたは、「気」に重さがあるのをご存知でしょうか？

結論からいうと、「ネガティブな気は重く、ポジティブな気は軽い」という考え方があります。たとえば、自分にとっていわれたくない、とてもイヤなことをいわれたとしましょう。このようなときに、イヤなことをいった人を恨んだり、嫌いになったり、自分を責めたりするとズンと沈んだ気分になります。日常ではこのことを「気が重くなる」と表現していますよね。このようなときには、「人から見るとそのように見えているんだな」と少し俯瞰してみることをおすすめします。「あの人からはそのように見えているんだ」と、そのことをありのままに受け止めることで客観的に捉えることができるのです。次に、自分に反省すべき内容ならば「改めるべきは改めるというチャンスを戴いた」もしくは「気付かせてくれて、ありがたいことだ」と感謝という気持ちに変えていきます。もちろんそれが偏見であったり、嫌がらせであったりするときは、受け止めるだけにして、受け入れないで「気にしない」ことが大切です。この受け取り方や考え方の智慧を持つことで、イヤなことをいわれたり、イヤな人と出会ったりしたときでもストレスにならず、気持ちを軽やかに生きることができます。

次に、既にストレスを感じてどうにもならないときの解決方法をお伝えします。それは、自分が大好きなことをやったり、行きたいところに行ったりして楽しい体験をすることに尽きます。会いたい人に逢って楽しい話をすると気が晴れて、気持ちが変わり、結果として気が軽くなり、次の一歩を前向きに踏み出せます。

このように、日常で自分の「気エネルギー」をコントロールするコツを学び実践することでストレスをストレスと捉えずに済みます。適度なストレスは、いい緊張感として必要な場合もありますが、健康に影響する過度なストレスは未然に防ぎたいもの。もしストレスを感じてしまった状態ならば上手にストレスを発散していきましょう。

SECTION 06

健康を上げる方法❺

「ワクワク感を大切にする」

成功している人の共通点は、ワクワクしているかどうかです。ワクワクすることが大切ですから、実現可能かどうかということは一切関係ありません。


「これが実現したら私は最高！」

「もしこれができたら、夢が実現する！」

「もう、考えるだけで楽しくなる！」


というような感じで、自分の心の中に眠っていた「魂」が喜んでいる状態です。このワクワクした状態が、健康運を引き寄せ、さらに今ある健康運を高めてくれます。

コロナ禍の中、奇跡的に開催された東京オリンピックの金メダリストなどのトップアスリート達の「本当に楽しい試合だった！」「声援のおかげで、苦しいときも楽しさに変えて頑張ることができた」という声が連日報道されていました。まさに、オリンピックに挑戦してきたトップアスリート達は、人の何倍も練習して、苦しさを乗り越え協議を「楽しむ」ことで湧き上がってくるパワーの存在を知っていたことでしょう。この状態こそ、究極の成功メカニズムです。心の底から湧き上がってくるような、ワクワクしながら「本気」になることで、想像以上のパフォーマンスを発揮でき、メダリストになったというわけなのです。私がサポートしている、ビジネスで成功している経営者の方々も、

「今、全社総力を挙げて◯◯を目標に掲げて行動していますので、今季は昨年比売上の180%アップを達成します！」

「コロナ禍のおかげで、新しい業態に参入し、次年度には新たな経営の軸が実現します」

と、輝く笑顔でとても嬉しそうに報告してくださいます。

このように、大きな結果を出していく成功者の方々が、共通して抱いている気持ち

が「ワクワク感」なのです。脳科学の観点からも、人間は痛みから逃げて快楽を求めるようにできています。ですから、「楽しい」「嬉しい」と感じると、自動的に脳にある「快楽」のスイッチがオンになり、どんなことでも受け入れるポジティブな思考になります。

反対に、「いやだ」「苦しい」と感じると、自動的に脳にある「不快」のスイッチがオンになり、どんなことでも否定的に反応するネガティブ思考になります。「ポジティブ脳」にすることが成功への重要ポイントなので、「ワクワク感」がとても大切な心の状態なのです。

「ワクワクは困難を乗り越える原動力になる」

また、常に「ワクワク感」を持つポジティブ思考の人は、何があっても挫けることがありません。

これは脳科学的にも証明されていて、脳が「快楽」のスイッチがオンの状態になっていると、ドーパミンやアドレナリン、エンドルフィンなど、脳を活性化させる神経伝達物質が稼働しはじめ、前向きなエネルギーがコンコンと湧き出してくるのです。このワクワク感の効能は、仕事だけではなく、趣味や大切な人との人間関係にも作用しています。例えば、大好きなアイドルのコンサートや、スポーツ観戦のためにチケット購入しようと、何時間も前から準備をしたり、前日から長蛇の列に並んだりするのは厭わなかったはずです。

また、仕事で徹夜をしていたとしても、気の合う仲間と早朝からゴルフに出発する場合など、脳は「睡眠不足」というネガティブな要因よりも「楽しもう！」というワクワク感の方が優位になっているので、眠さよりもワクワク感が勝ち、楽しい時間を過ごすことができます。

アスリートの世界なら、もっとわかりやすいでしょう。人はポジティブ思考だと、「今こそ勝負だ！」という場面で強さを発揮します。例えば、サッカーの優勝がかかっている試合でペナルティーキックになったときを例にあげて考えてみます。まさに、ゴールキーパーと1対1の真剣勝負のときですが、このときの選手のメンタルの状態が勝負の分かれ目になります。ポジティブ思考で「これはまさにチャンスをもらった！なぜか入る気がする！　絶対に入れる」と感じる人と、緊張感とネガティブ思考で「ここで1点入れなければ負けだ！　外したらどうしよう」などと感じている人では、自ずと成功率に差が出ます。先ほどのペナルティキックのときに「もし、外してしまったら……」と一瞬でも、ネガティブになってしまった瞬間、脳内では、ネガティブ・スイッチがオンとなり失敗するイメージに囚われ失敗が実現してしまうのです。

このような理由から、アスリートの世界ではイメージ・トレーニングがとても大切にされています。しかし単なるポジティブ・イメージだけでは成功するとは限りません。成功するために必要なのは、ポジティブ・イメージにプラスして「ワクワク感」で、脳内の「快楽」スイッチがオンの状態になっていることが大切です。

SECTION 07

健康を上げる方法⑥

「温泉で大地のパワーを取り込む」

温泉も、健康運アップに効果的です。実は私自身は温泉が大好きで、特に、掛け流し源泉があると、宿を予約してゆっくりとして心身ともに疲れを癒すというライフワークがあります。近場のスパや天然温泉にもよく出かけていきますが、それは、心身共にリラックスできるからです。

温泉に入って肩まで浸かかると、思わず心の中で「極楽！　極楽！」と唱えたくなります。これは、自分で自分の心身を癒す自然現象からです。

私たちは、日々社会の中で仕事や対人関係で、気を使いながら緊張感を持って行動しています。ストレスにさらされ緊張感が強くなっているとき、自律神経は交感神経が優位となり、すべての攻撃に迅速に対応できるファイティング・ポーズをとっています。

車でいえば、アクセルを踏み込んだ状態です。仕事時間が多くなると、ストレスが過剰になり、心身共に疲れてしまいます。この緊張感とストレスによる、心身共に疲れている状態を癒すためには、温泉が効果的なのです。

温泉に入り、息を吐くことで、自動的に自律神経系の副交感神経優位の状態になるので、緊張感がとけて、筋肉が緩み、温泉の効用でストレス解消となりリラックスできます。

温泉地によっては、「湯治（とうじ）場」というものがあります。温泉の効用を活用して、薬に頼らず自分の自己治癒力により、自分で病を癒しましょうというものです。温泉は、大地からの強烈なパワーを直接受け取れる場所でもあります。自然の恵みを活用して、健康運をどんどん取り込めるようにしていきましょう。

SECTION 08

健康を上げる方法⑦

「自己治癒力を信じる」

自己治癒力を信じることでも、健康運は引き寄せられます。

本来私たちは、自分の力で自分を癒す自己治癒力というものを授かっています。自己治癒力について知る機会はあまりないかもしれませんが、自己治癒力には、私たちの脳にある脳内ホルモンの働きが関わっています。脳内ホルモンは、心身の乱れを整え、自然治癒力をたかめ、自ら心身の疲れを癒してくれる「天然の薬」です。

私たちの脳からは、心身の情報を血中から全身に伝えるホルモンと同様の働きを持つ、メラトニンなどのホルモンや、神経細胞間に情報の伝達を行うセロトニンなどの神経伝達物質など、約100種類以上の脳内物質が分泌されています。一般にメラトニンを「睡眠ホルモン」、セロトニンを「幸せホルモン」などと呼ぶことから、ここでは脳内物質全般を指して「脳内ホルモン」として定義してお伝えします。

さて、前節で私のライフワークとして、温泉へ出かけ心身を癒しているという話をしました。そのときに、なぜか不思議な気持ちがいい感覚に出会うことがあります。大自然の中にある温泉から、心の平安を得ることができるのはなぜなのかと考えていました。あるとき、ある文献から喜怒哀楽の感情が脳内ホルモンの影響を受けていることが科学的にも証明されているということが判明しました。怒りや喜びの感情が高まると、脳内ではその部位の活動が活発になり、ウツウツとして気分が落ち込むときは、脳内のその部位の活動が落ちているということでした。この脳内にある神経細胞群こそ、ドーパミンやノルアドレナリン、セロトニンなどの脳内ホルモンがつくられる場所だったのです。

ドーパミンは快感や心地よさを得たいという意欲を生みますが、過剰に分泌されると、飲酒や薬物、ギャンブルなどの依存症を誘発します。ノルアドレナリンは生存機能の土台で、危険を瞬時に察知し、回避行動を起こしたり、ストレスに反応したりと、怒りや不安あるいは恐怖などの感情を生み出します。そして、これらの物質たちの暴走をコントロールする調整役がセロトニンで、治癒力にもかかわる神経伝達物質です。

私がライフワークにしている、森林浴や温泉めぐりで得られた不思議な安らぎの心の状態は、自然との触れ合いの中で私の脳内でセロトニンが活性化したおかげであったと理解することができたのです。ここでセロトニンという脳内ホルモンを活性化するための、3つのコツをお伝えします。実はこれらについては、一般的に公開されている健康情報が多くあります。脳科学研究の進歩が、その意義を改めて解明し、脳内物質の活性化に役立つことを証明してくれています。

脳内ホルモン「セロトニン」活性化する3つのコツ

1つ目は朝、太陽の光を浴びること。2500～3000ルクス以上の陽光が目の網膜から神経回路を介してセロトニン神経を刺激し、分泌が促されます。

2つ目はリズム性のある運動をすること。ウォーキングやジョギング、腹式呼吸、咀嚼や読経、歌唱なども該当します。これらは一定のリズムで集中して行うことが大切なポイントです。

3つ目はグルーミング（「心地よさ」を重視した触れ合い）です。たとえば、次のようなことです。

・家族同士や愛するパートナーとのスキンシップ
・エステティックサロンでのマッサージ
・心の通い合った友人とのおしゃべり
・ペットとの触れ合い

これらのことが、脳科学的にはグルーミングによる脳内ホルモンセロトニンが活性化させるコツになるのです。このような行動を毎日10～30分くらい継続すれば、セロトニンの分泌・活性化が促され、健康増進や若返り効果までも期待できるといわれています。

また、人が本質的に持っている、相手を思いやりわかり合いたいという欲求は、グルーミングによって引き起こされ、愛情豊かな心を生み出す「オキシトシン」の分泌量を増やします。それと同時に「セロトニン」の分泌も促されるので、その相乗作用により大脳の共感や情動の安定にかかわる領域も活性化されます。その結果、ストレスや不安の解消、平常心の維持、何事にも意欲的に対処でき、人とのかかわりが苦にならなくなるなど、心身の不調の改善に有効なことが確認されています。

SECTION 09

健康を上げる方法❽

生き甲斐を持つ

生き甲斐を持つことも、健康運を引き寄せるのに有効です。

では、生き甲斐とはなんでしょうか？

このように質問すると、なかなか即答できる方はいません。既に生き甲斐を持っている方は、考えるまでもなく「〇〇が生き甲斐です！」と答えられるとは思いますが、多くの人は生き甲斐というものを意識せずに過ごしています。もしかしたら、働くことが生き甲斐の人もいるかもしれません。仕事が生き甲斐ならば、仕事のパフォーマンスは最大限にアップするはず。仕事をライフワークにすることもできることでしょう。仕事そのものが楽しくて、楽しくて仕方なくなります。次々と新しい研究をしたり、学んだりすることを続けていけるでしょうし、その結果として、業界の第一人者になる可能性だってあるかもしれません。

自分の人生で生き甲斐ができると、日々の生活に対する思考や姿勢が変わってきます。何かの趣味がきっかけとなり、それが生き甲斐になったとしても、生活に対する行動が変化してきます。生き甲斐は人生に大きくそしてポジティブな状況を創造してくれます。生き甲斐が見つかると、人生はいい方向への流れができ、次々と現れるチャンスの波に乗って望む未来を獲得していくことができます。今はまだ生き甲斐が見つからない人であっても、あなたの中には必ず生き甲斐の種が眠っています。

【生き甲斐の見つけかた】

生き甲斐は目で見えるものではないので、他人に聞いても答えを導き出すことができません。生き甲斐を見つけるヒントになるのは、「自分がやっていてとても楽しい」と思えることです。たとえば、「もうやめたらどう？」といわれたとしても、集中してやりつづけていたようなことはありませんか。子供の頃に夢中でやった遊びや勉強がヒントになるかもしれませんし、部活やアルバイト等の思い出の中にヒントがあるかもしれません。自分が何に夢中だったのか、紙に書き出してみましょう。「怒られたけれどやめられなかったこと」あるいは「楽しくて、楽しくて、これだけは長く続けたこと」などの中に生き甲斐のヒントが見つかることでしょう。何度考えても「生き甲斐」が見つからないという場合は、あなたとご縁のある人やいつも行動を共にしている人が、あなたの生き甲斐のヒントをもたらしてくれることもあります。ポジティブな人、すでに生き甲斐を持って活動している人、目標に向かってチャレンジしている人と一緒にいると、その人達の波動を受けて、自分自身の考え方もポジティブになり行動的になっていきます。その行動力の影響を受け、おそらく生き甲斐も見つけていけるでしょう。

生き甲斐を見つけようと言葉でいうのは簡単なことです。しかし、実際には多くの方々が生き甲斐を見つけられないまま、何年も同じことを繰り返しています。確かに、生き甲斐が見つからなくても、それなりに生活ができていれば、それでいいのかもしれません。けれども、奇跡的な確率でこの世に誕生して、生命を授かった人生です。あなたが心の底から楽しめる生き甲斐や使命を見つけることで、未来の人生の価値は全く違ったものになります。生き甲斐を見つけたいけれど、どうしても見つけることができない場合は、専門家に相談することで、あなたにぴったりの方法でアドバイスをしてくれることでしょう。

私も経営コンサルタントとして、あなたの天才性を見つけ出し、あなたにとって唯一無二の生き甲斐の種を引き出す専門家ですので、お役に立つことができましたら嬉しいです。いずれにしても生き甲斐を見つけることは、あなたの人生に夢と希望を与え、充実した人生へと変えていきます。そしてそれが、健康運を引き寄せるきっかけとなり、やがては心の健康へとつながっていくのです。

SECTION 10

健康を上げる方法⑨

「いつも笑顔を絶やさない」

豊かな人に、しかめ面をしている人はいません。成功している人たちはいつも笑顔なのです。

「笑う門には福来る」という言葉をご存知かと思います。笑顔の方と一緒にいると、居心地がいいと感じますすよね。そして、自然とこちら側の心の扉が開いていくような気がします。笑うことが健康に好影響であることは、これまでもいくつかの研究で取り上げられてきました。笑顔や笑いには、人と人との距離を縮めるだけでなく、自分自身の心身の健康にもいい影響があります。

私がこれまで経営コンサルティングを通して見ていても、笑顔が素敵な人のところには、人が集まりチャンスが集まる傾向にあります。だからこそ、笑顔でいることが大切なのです。「私はラッキーなんだ!」とニコニコした顔でいう人に向かって、腹を立てる人はいません。「呑気だね」と思う人はいるかもしれませんが、けして悪い気にはならないもの。むしろ、その場は明るい雰囲気で包まれます。

自分のことを運がいいと公言し、実際に運に恵まれている人は、共通していつも笑顔です。幸せそうな笑顔をしているので、その笑顔の魅力に人は惹きつけられるのです。そして、物事はその人を中心にして動いていきます。運がいい人は、本人が意図している、いないに関わらず人の輪の中心になりやすいのです。それも、実は笑顔や笑いのなせる技です。

人生はうまくいくことばかりではありませんから、当然落ち込むときもあります。しかし、落ち込んだときになるべく早く切り替えられるかが肝心です。

落ち込んだときの乗り越え方は、人によって様々な方法がありますが、ここでは私のおすすめの方法を紹介します。

落ち込んだときに誰かに話を聞いてもらおうとする人がいますが、それはあまりおすすめできません。けしてダメなことではありませんが、人に愚痴をこぼすのは、相手に対してネガティブなものを送る行為となってしまいます。どうしても誰かに聞いてほしいと思ったら、いきなり人を頼らずに、まずは自分の中で感情を整理してから人に話すようにしてください。

自分の感情を整理する方法は、とにかくノートや紙にありったけの思いを書き綴るというやり方もありますし、家の中で、大声で叫ぶのもありでしょう。どんな方法でも構いませんが、とにかく怒りや悲しみといった感情を、一旦自分の中から外へ出してしまうことが先決です。人に話を聞いてもらうのはそれからにしましょう。自分の感情を外に出しておくと、相手と話すときに感情的にならず、落ち着いて話をすることができます。いくら相手が親しくても、パンチングマシンのように相手に怒りの感情をぶつけるのは違うと思いませんか。

第5章のまとめ

・健康運を上げるには、心と体の健康が大切
・健康運の3大要素は、食事と運動、睡眠
・運は、寝ている間につくられている
・森林浴をすると、リラックスでき健康運がアップする
・ストレスを受けたときは「気にし過ぎない」ことも必要
・ワクワク感を大切にすると、笑顔が増える
・温泉は体をほぐし、リフレッシュに最適
・脳内ホルモンは天然の薬
・生き甲斐を持つと、人生が豊かになる
・よく笑うように心がけると、いいことが起こる

CHAPTER
6

引き寄せた運をコントロールする

SECTION 01

運と運気の違いとは

あなたに次にお伝えしたいのは、これまで学んできた方法によって集めたそれぞれの運をどのように活かすのかということです。日常の中で集めた金運、良縁運、健康運の三大運は、集めただけでは成功したとはいえません。せっかくでしたら、一時的な成功ではなく、継続的に成功し続けられる本物の成功を掴みたいと思いませんか。私が本書を通してお伝えしたいのは、本物の成功者になるための方法なのです。本物の成功を手に入れるためには、集めた三大運をコントロールし、運を動かしていかなくてはなりません。

ここで、あらためて運と運気の違いについてお話ししたいと思います。運というのは、ある特徴があり、何もしないと、ただその人の中にとどまるだけになってしまいます。イメージとしては、運という大きな玉が、そこに置かれているだけという静の状態です。自分の中にある運が静かな状態では、なかなか成功を掴むことができません。成功していくには、この自分の中に集めた運を動かしていく必要があるのです。運を動かすと、運は「動」の状態になると考えます。運を動かす際には、必ず活発な力が必要になるからです。

たとえば、自分の体よりも大きな玉を動かそうとしたとき、そのまま押しただけでは玉はびくともしないはず。大きな玉を動かし続けようと思ったら、足を踏ん張り、力一杯エネルギーを注がなければなりません。あなたが引き寄せた、あなたの中に眠る運も、まさにそんな感じです。運は、大きな力が加わると動き出しますが、運が「動」の状態になったとき、はじめて運は運気というものに変わります。気が集まり、動きはじめた運気は、人

生に様々な変化をもたらすようになります。あなたの願い事が叶いやすくなったり、滞っていた物事が動き出したりと、現実的な事象として現れてくるのです。本書のはじめにの部分で、頑張っているのになかなかうまくいかない人と、それほど頑張っているようには見えないのに何故かスイスイうまくいく人の違いについて触れたのを覚えていますか。両者の違いを、私は「運」を味方につけたかどうかだとお伝えしたと思います。成功するために運を味方につけるとは、自分の中にある運を動かすという意味だったのです。

読者のみなさまの中には、ずっと頑張っているにもかかわらず、なかなか芽が出ないと悩んでいる人がいらっしゃるかもしれません。それは、運をきちんと動かしていない、あるいは動かせるような考え方や行動が不足しているからこそ起きている現象なのです。

あなたの中にある運は、いわば成功の種のようなものです。そのままでは静かにただそこにあるだけで、あなたに何かをもたらしてくれるわけではありません。運が動くような気を与え、運気にできてはじめて成功に近づいていけるのです。

SECTION 02

「運を運気にする方法」

運と運気の違いがわかっただけでは実際に運を動かしていくことができません。運を運気に変えていく方法についてお伝えしていきましょう。

動かない「静」の状態の運を「動」の状態である運気にするには、あと二つ、大切な要素があります。その二つの要素とは、生命と気質という要素です。

生命というのは、その人の命そのもののことです。命というと少し大げさに感じてしまうかもしれませんから、その人の生まれ持ったパワーという捉え方をしていただいて構いません。

そして次に、気質です。気質というのはその人の考え方のことです。私の鑑定では、この気質をより詳しく知っていただくために、その人の生年月日をお聞きし、そこから算出するのですが、今回はあくまで概念的な部分を知っていただきたいので、そこまで知らなくても大丈夫です。

生命と気質という要素も、運と同じくもともとは「静」の状態です。運に動きが加わると、運気になるとお伝えしましたが、生命と気質に動きが加わると何になるのでしょうか。生命は生命力に、気質は考え方と捉えられるので行動力となります。いくら運があっても、実際に動かさないことには運気としての働きをしないため、現実はなかなか好転していかないことは、十分おわかりいただけたかと思いますが、では、具体的な行動として、どのようなことをすれば運を運気にしていくことができるのでしょうか。実は、運を運気にするのに最も大切なことは、日常の中にあります。

私たちの日常は、常に「動」の状態であり、寝ているときだけが唯一「静」の状態です。あなたが朝起きてから夜布団に入って眠るまでの間、常に私たちは何かしら行動をしています。「動」の性質を持った行動は、「静」の状態である運気を刺激します。ですから、日常をどのように過ごすのかが鍵になるのです。

3章、4章、5章の中で金運、良縁運、健康運についてお話ししました。それぞれの章の中では、どのような考え方をもって、どう行動をすればいいのかを説明してきました。それぞれの章に書かれた内容は、それぞれの運を引き寄せるだけでなく、動かしていくためにも必要な考え方となっています。ですから、時々振り返って、自分の考え方や行動がそれぞれの運を刺激し動かせるような状態になっているかを確認するようにしてください。三大運の引き寄せ方は既にお伝えした通りですが、実は同じことをお伝えしても、運をうまく動かせる人とそうでない人がいます。

先ほど少し触れた、本人の生まれ持った気質については、それぞれ異なる性質があるのですが、基本的に運の動かし方、つまり運を運気にする方法はすべての人に共通します。それなのに変化の現れ方に違いがあるのには、いくつか理由があります。様々な人へのアドバイスを通し、運をうまく運気にできている人たちの共通点がわかってきましたので、これからその共通点についてお話しします。

【素直であること】

運を運気にするには、まず本人が「素直であること」が重要です。成功者に共通する素質として、よく「素直さ」が挙げられます。テレビや雑誌のインタビューで、成功者を育てた恩人にあたる人が、成功者の習慣や行動について語っていることがありますよね。素直さが、物事をうまくいかせるための大切な素質であることは、私も実体験から確信しています。例えば、私がうまくいく時期や考え方をお伝えしたとしても、それを素直に聞き入れ実践できる人となかなかできない人がいます。大抵の人は、自分以外の人の考えを受け入れることが苦手です。でも、自分の考えや価値観は、あくまでも自分のそれまでの人生の経験の中で培われたものであり、絶対的なものではないことや、この世の中には様々な価値観が存在していて自分はそれらを把握できているわけではないことを知っている人ほど謙虚であり、人からのアドバイスや忠告に対し素直に耳を傾けます。

たとえば、以前このような話を聞いたことがあります。日本を代表するインターネットサービスを展開する大企業の社長の話です。この企業の社長は、社員の助言や提案に素直に耳を傾け、自分がいいと感じたら、提案した相手がどのような立場の人であったとしても、即実現に向けて行動する性格なのだそうです。この社長のように、自分の考えに固執せず、柔軟に行動を変えられる人は、実際に物凄いスピードで成長します。自分自身のことを石頭だと思う人は、これを機に考え方を改めてもいいかもしれません。

自分と違う考えにいきなり反発するのではなく、自分にない閃き、あるいは新しい考え方を発見したというような感覚で反応すると、意外とすんなり受け入れられるのではないでしょうか。そして、あなたがそのように前向きに反応すればするほど、相手は伝えてよかったと感じてくれるでしょう。中には、自分の考えを伝えること自体が苦手で、恐る恐るいってきている人もいます。あなたが前向きに反応し、その人の話を熱心に聞いてあげられたなら、恐る恐るあなたに伝えてきてくれた相手の自信にもなり、信頼関係が生まれていきます。

【自分の立ち位置を客観的に知る】

運を動かし運気にしていくためには、自分の立ち位置やそのときそのときの状況を客観的に知ることも大切です。どういうことかというと、例えば、自分自信の能力（実力）や人気度、経済状況、全体的な状況などを正確に把握しましょうということです。

自分自身のことについて、今何ができていて、何が不足しているのかを冷静に分析できる人はなかなかいません。ですが、なかなかいないからこそ、そこに成功者になれる可能性があるともいえます。自分自身のことを振り返り、足りない部分が明らかになったなら、ぜひその部分を補うように努めてみましょう。

たとえば、ある特定のスキルが不足していると思うなら、そのスキルを身に付けるために勉強会に参加するとか、資格を取得するというような努力も必要になってくるでしょう。本書では、成功するには努力よりも運の方が重要であると述べてきていますが、その運を味方にするには、あなた自身の行動も必要不可欠なのです。運の力は、人智の及ばないような不思議な出来事や展開を引き寄せます。でもそれは、あなたの行動次第でその内容や規模が変わります。大きな成功を引き寄せようと思ったら、それなりの行動や心がけが求められるのです。

自分の現状の能力や状況を把握する際に、これからどんな未来を描いていきたいのかも確認しておきましょう。人は、目的もなく努力したり行動したりすることができません。旅に出るときに、必ず目的地を決めるのと同じことです。あなたの今進んでいるところは、全体的にみてどのあたりでしょうか。また、どのようなゴールを目指しているのでしょうか。そんなことを確認してみてください。このとき、可能ならノートに書いておくこともおすすめです。

ノートにそのとき考えていることを記録として残しておけば、後から振り返り、自分がどのように成長できているのかがわかります。それだけでなく、自分自身に足りていない素質や能力についてすぐに気付くことができます。あるいは、やり残していることを思い出すきっかけにもなるかもしれません。

「三大運を引き寄せるための行動を確実にとる」

知っていることとできることは違います。

これは、勉強やビジネスに限らず、どんな分野においても同じことがいえます。変化を恐れずどんどん成長し、自分の理想の成功へのステップを進んでいける人には、たったひとつ共通点があります。それは、行動することを疎かにしないことです。今あなたは、本書を読むことで成功を引き寄せるのに必要な三大運の存在を知り、かつそれを引き寄せるための行動や考え方を知ることができています。次は、これらを確実に日常の中で実践していくことが大切なのです。

同じことを学んでも、結果の出る人と出ない人がいます。それは本人のセンスや実力の差が理由になることもありますが、結果の出ない人の原因を探っていくと、ほとんどの人が途中でやめてしまっているのです。脱落者が多ければ多いほど、継続して行動できるだけで成功に近づきます。せっかく本書を手に取ってくださり、少なくともここまでお読みくださったのですから、読んで終わりにしてしまってはもったいない。それでは今までと何も変わりません。本書に書かれていることは、もしかしたら、それまであなたが考えていたこととは異なる内容のことがあるかもしれません。「それはどうなんだろう」と懐疑的になってしまうこともあるでしょう。しかしながら、既にお伝えしているように、素直に受け入れ行動できる人ほど、物事はうまくいきやすいという傾向があるのは確かです。成功できない人は、なかなか変われずにウジウジといい訳を考えがちですが、成功できる人は、どんどん受け入れ、行動し、次々に目の前に現れる成功へ続くステップを駆け上がっていくのです。あなたは、どちらの人になりたいでしょうか。おそらく答えは既に決まっているはずです。

【自分にあった思考や行動パターンを知る】

昔に比べ、自分らしさを追求する人が増えてきているように思います。どんな仕事をするかだけでなく、働き方もそうですし、家族のあり方も変化してきています。

「自分らしくありたい」と望む人が増えている傍ら、実は自分とは何なのか、あるいは自分に何が合っているのかわからないと悩んでいる人も増えています。成功したいと考えている人の中にも、「成功したい」という想いはあるものの、では一体自分がどの分野でどのような形で成功したいのかについて明確に言葉にできる人はそれほどいません。今やっていることがあっても、果たしてそれが本当に自分の望んでいることなのか、迷いが生じる人もいます。そんなとき、頼りになるのは自分自身の本来の気質を知ることです。

私の鑑定では、生まれたときに授かる、ひとりひとりの気質をお伝えするようにしています。その気質を知ると、もって生まれた自分の才能がわかり、考え方や行動のパターンやクセ、人生の傾向などがわかるようになります。この気質というのは、もちろんあくまで統計的なものですから、いわゆるガイドのような役割に過ぎません。例えば同じタイプの人が2人いたとしても、その2人が全く同じ人生を歩むかといえばそんなことはあり得ません。しかし、それでも似たような傾向は存在します。その傾向を知ると、自分のことを客観的に知っていくことができるので大変便利なのですが、自分の力だけで、自分自身のことを知りたいと思うなら、これまでの人生や出来事を客観的に見つめられるライフノートをつけてみることをおすすめします。

ライフノートとは、あなたのこれまでの人生における出来事を一通り書き出したもの。ライフイベントだけでなく、失敗や成功の体験など、覚えている出来事をすべて書き出すのです。一通り書けたら、次はそこからあなたの人生でパターン化していることはないか、分析してみましょう。おそらく、成功体験も失敗体験も何らかの共通点があるはずです。出来事だけでなく、そのときの人間関係なども思い出せる限り書いてみましょう。

そのとき、どんな人たちと付き合っていたのか、人間関係やその人間関係の中で起きていた出来事、そのときの自分の考え方などを洗いざらい書き尽くしてみると、必ずあなたという人間の特徴が浮かび上がってくるのです。面倒な作業ですが、これはかなり発見の多い作業です。しかし、その時間をショートカットし、本来の自分自身の気質を知りたいと思われましたら、私の元までいらしてください。あなたの持つ本来の姿についてお話ししたいと思います。

【定期的に振り返る】

運を動かすことで運気にし、成功を確実に手にしていける人たちは、振り返りや内省の時間をきちんと確保し大切にしています。何かを学ぶとき、私たちは復習を大切にしますよね。それと同じことではないでしょうか。新しいことを追いかけるばかりでは、自分のつまずきに気付けません。定期的に振り返り、不足を補いながら前に進んでいく方が、新しいことを取り入れるだけ取り入れることよりもはるかに効果的で、着実に成長していけます。

私から見て変化や成長のスピードが早いと感じる人たちは、この時間を大切にしています。今自分がどのあたりにいるのか、この先このまま進んでいいのか、それとも方向を変えるべきなのか、様々なことを考えながら進んでいこうとするので、取りこぼしがないのです。定期的に振り返る習慣は、自分のモチベーションアップにもつながります。ただひたすら進むだけでは途中で飽きてしまったり、挫折してしまったりすることがありますが、定期的に振り返る時間を設けるだけでどのくらい自分が進んだのかを知ることができ、自分への励ましにつながるのです。

SECTION 03

「運気アップの方程式とは」

運を動かし運気にするコツを理解したら、その運気をさらにアップさせ、成功までのスピードをさらに加速させる方法をお伝えします。運気をアップさせ加速させるには、ある方程式があります。

それは、『運気＝考え方×行動習慣』という方程式です。

この方程式には、運気というものは、その人の考え方と行動の習慣で決まるという意味が込められています。考え方と行動習慣をかけ合わせると、そこから生まれる力は、相乗効果で大きくなると考えます。

そもそも運気というものは、運という目に見えない力の集合に、気を加え、動的にしたものです。運というものに、本人の気持ちや行動からくる、気、波動、場合によってはエネルギーを加えることで、運気になっていきます。

その人の考え方は、その人の行動習慣をつくります。例えば、人に対して親切にしよう。分け隔てなく付き合おうという考えを持った人は、その考えに沿った行動を取るようになります。仕事をひとりで抱え込んでいる同僚に対して「手伝おうか」と自分から声をかけるようになったり、頑張っている人に対して「すごいね、尊敬するよ」というようになったりと、意識的に言動を変えていくのです。考えに基づいて行われる行動が、いいものであればあるほど、その行動はいい波動を生み出します。引き寄せをするうえでの考え方に、同じ波動を持つものは引き合うという考え方があることは既にお話ししましたよね。ですから、いい考えをすればいい行いができるようになり、いい行いは結果としていい運を引き寄せ、いい運気をつくっていくことになります。

考え方や意識を変えることは、あまり簡単なことではありません。先ほど、運を運気にする方法のところで、素直な人ほど成功しやすいとお話ししたと思います。そこでお伝えしたように、それまでの人生で培った考えの方向を変えることというのは、見方によっては、それまでの自分の否定とも考えることができます。「ああ、自分は間違っていたんだ」とか「自分は気付いていなかった」という具合に、大抵の場合がそれまでの自分の不足を気付かせるものです。人が簡単に考えを変えられない本質的な理由は、過去の自分を否定できない。まさにこれなのです。

でも、考え方や価値観は、常にアップデートされていくべきものです。子どもの頃を思い出していただくとよくわかると思うのですが、私たちは常に何かを学び、実生活でやってみて、自分のものへと吸収していきます。子どもの頃は知らないことの方が圧倒的に多く、出会うもののすべてが新鮮に感じるため、知らないことに恥ずかしさや罪悪感、悔しさがあまりありません。しかし大人になるにつれ、知らないことへの恥ずかしさや罪悪感などはどんどん増していきます。自分の知らないことを知っている人がいる、つまり自分以外に優秀な人がいることも次第にわかっていきます。優劣をつけることを覚えてしまうため、「あの人は何も知らない」と他人から思われたくなくて、どうしても頑なになってしまうのです。

しかし、成功者たちは違います。成功者たちは、どちらかといえば「自分は何も知らない」という考えを持っている人が多いです。子どもの頃のように、自分と違う考え方をする人を面白がったり、自分にないアイディアに素直に驚いたりするのです。頭を柔軟にし、自分のプライドを一旦脇に置いておきましょう。すると、自然と様々な考え方や価値観に対し、「そういう考え方もあるのか」と面白がれるようになります。

何もすべて人真似をしなさいといっているわけではないのです。あなたの信念も大切にしつつ、人のいいところは積極的に取り入れて、自分をどんどん成長させていく方が結果的に早く成功を掴めるといっているだけです。

あなたの考え方が変われば、あなたの行動が変わります。もしあなたが今、あまりうまくいっていないのでしたら、運を動かせていないだけでなく、運を運気にしていくための考え方や行動の部分に問題があるかもしれません。運気アップの方程式についてては、私も私の元に来られる相談者も、いかに日常生活に活かせるかと常に意識し取り組んでいます。うまくいっていないことがあるなら、思い切ってそれまでと真逆の考え方をしてみるのも手かもしれません。

すべての人に、成功するチャンスがあります。もちろん、ここまで本書をお読みくださったあなたにもです。

でも、自分だけの力でどうにか成功を掴もうと思うとうまくいきません。それは本書を通してお伝えしてきた通りです。ですから、ぜひあなたは「運」を味方につけてください。「運」を引き寄せコントロールすれば、本当の幸せな成功者になれるはず。あなたの思い描く成功を手にするまでの物語は、もう既にはじまっています。

第6章のまとめ

- 運は集めたら運気に変えて行こう
- 運気アップの方程式は、運気＝気質（考え方）×生命力（行動習慣）
- 運がいいと思い込もう
- 利他の精神を大切にしよう
- 信じる力を養うと、運が味方につく
- 幸せやチャンスは人が運んでくる
- 人は自分の写し鏡だと考えよう
- 人から愛される成功者になろう

おわりに

本書を最後までお読みいただきありがとうございます。

自分の理想通りの成功を手にし、成功者として存在し続けるには、「運」が何よりも重要であること。そしてその「運」を正しく活用するためには、自分に秘められた天才性を開花させる必要があること。天才性を開花させるために、人生の三大資産や三大運を引き寄せる必要があることをご理解いただけたと思います。

「運」というものは、不思議なものです。

私たちの身近な存在でありながら、その実態ははっきりいってよくわからないものです。でも、多くの人の人生をよくよく観察していると、「運」というものには、確かに流れがあることがわかっています。そしてその「運」の流れは、一般的に「運気」といわれ、その人の日常や人生に大きく影響をもたらすのです。

そして、本文中にも触れましたが、「運」には波動があり、その波動は同じ波動を持つ者同士で引き合うという法則があります。ですからこれをうまく扱えるようになることで、よりよい人間関係をつくり、自分の思うような人生をつくっていくことができるようになるのです。

成功者といわれる人で、「運」に無関係な人はひとりもいません。

みな共通して、必ず「運」を味方につけているのです。

これまで私は、九星気学の考え方をベースに脳科学・心理学・統計学の考え方を織り交ぜた「帝王気学」という独自のメソッドを活用し、経営者や組織のリーダーを対象に、経営コンサルティングを行ってきました。経営者には、実際の事業に必要な実務能力はもちろん、組織を束ねるリーダーシップなど、様々な能力が必要ですが、中でも最も大切なのは、決断力・判断力です。自分自身の決断力や判断力が、会社の未来ひいては自分を慕ってくれている従業員たちの人生をも左右するからです。

問題やトラブルを乗り越えるために、どのように考えるべきなのか、企画をはじめるタイミングはいつがいいのか、今は何に集中すべきなのかといったことは、ある一定のところまでは自分の力で考えるべきです。しかしながら、その先、自分の決断がよりいい方向へ進んでいくには「運」の力を活用する必要があるのです。

私がこれまでアドバイスを行なってきたリーダーたちは、その「運」の存在を素直に受け入れ、実践し成功を掴んできました。「運」の存在は、成功するためにけして無視できない要素であることは、そのことが証明してくれています。そして何より、私自身も「運」を味方にすることで人生を好転させてきました。このことからも「運」がいかに重要であるかは、身に染みて理解しているのです。

そもそも私が、このような「帝王気学」を生み出したのは、他でもない私の生家に立て続けに訪れた災難がきっかけでした。私の先祖は出雲で300年以上続く家柄でしたが、祖父と父が一念発起して上京し共同で事業を営んでいました。時代の波に乗り当初10年位は順調に業績を伸ばし、経営が安定していました。更に事業拡大するために工場用地を購入することになり祖父と父は希望の未来に向かって歩きはじめました。しかし、この事業拡大のための工場用地購入が大失敗の原因となります。工場用地を購入した翌年に起こった祖父の急死をきっかけに、想像を絶するような苦難が連続して発生することになるのです。なんと工場が3度も全焼、社員の事故が多発し、父も交通事故で半身不随になってしまいました。そんな窮地から救ってくれたのが、九星気学だったのです。

経営の方向性や事業計画立案をするときに九星気学の考え方を取り入れるようになると、状況は次第に明るくなっていき、なんと事業再興にも成功しました。「この素晴らしさを、より多くの人に伝えたい」そう考えた私は、本格的に九星気学を学び、多くの人に対して、アドバイスをするようになりました。


ただ、九星気学は大変複雑で、誰でも気軽に習得できるものではないという欠点がありました。そこで私は、九星気学の考え方をベースに、九星気学よりも理解しやすくかつ日常で活かしやすい方法を模索し、あるメソッドを生み出しました。それが、私の提唱する「帝王気学」です。「帝王気学」は、単なる偶然の産物のような占いなどとは異なり、ある一定の法則性を体系的にまとめた人生の羅針盤メソッドです。迷いを決断に変えて、成功に導く為に必要な「運」を味方につけるための考え方を取り入れて組み立てられています。本書でお伝えしてきたのは、「帝王気学」の核となる部分です。

本来であれば、ひとりひとりの生まれ持った性質から、その人にふさわしい「運」

の活用法をお伝えしたいところなのですが、本という性質上、現実的ではありません。ですから本書では、すべての人に共通する「運」を味方につけるための考え方や具体的な方法を日常でも簡単に実践できるようにお伝えしてきました。本書に書かれていることを実践すれば、その瞬間から徐々に運命の輪が回りはじめます。あなたが成功への階段を着実にそして少しでも早く登っていかれることをなにより願っています。

人生には、波があります。ときには悪いときもありますが、どんなときでも必ず挽回する方法がありますから心配しなくても大丈夫です。

本書には私の知っているノウハウをたくさん詰め込みましたが、個人的な挽回策や開運のヒントが知りたいという人は、ぜひ気軽に私のところへいらしてください。

最後に、今の私をつくりあげてくださった、聖徳太子より受け継がれてきた心学という学問をご指導いただきました日本産業鮎川義塾 主宰の徳山暉純様、そして興心館主宰 鳥内浩一様、無名な私を出版へ導いてくださった山田稔様、望月高清様に感謝申し上げます。

そして、私の天才性を見抜き、才能を引き出しながら常に応援してくれている最愛の妻である眞理に心からの感謝を贈ります。また、私の愛する三人の子供たちにこの想いを伝え、子々孫々にまで伝承することができたなら本望です。

「帝王気学」創始者　天道象元

著者紹介
天道 象元（てんどう しょうげん）

ベスト・フューチャー 代表
東京の商家に生まれ、祖父と父の事業失敗により苦難の幼少時代を過ごす。大学生の頃、父が車の追突事故で半身不随となり、事業を支えながら苦学するも、奇跡的に九星気学の第一人者との出会いがあり苦難から救済された。これを機に九星気学を習得するため、師匠に弟子入りする。
後にカバン持ちとして顧問先へ同行するようになり、師匠の奥義を伝授された。師匠亡き後、九星気学を土台に脳科学と心理学を取り入れた「帝王気学」を開発。創始者として活動を始めた。
帝王気学を活用した経営者専門の経営コンサルタントとして約45年間、3万件以上の経営コンサルティングを実施。現在も自ら創業67年の会社を継承し経営している。経営者やビジネスマン向けのラック・コンパスメソッド活用セミナーや講演会も全国で実施している。

●天道象元公式開運サイト
https://kaiun119.com/

●お問い合わせ
info@kaiun119.com

成功者だけがやっている
運を引き寄せる27の習慣

2021年10月19日　初版第一刷発行

著　者	天道象元
発行者	宮下晴樹
発　行	つた書房株式会社
	〒101-0025　東京都千代田区神田佐久間町3-21-5　ヒガシカンダビル3F
	TEL. 03（6868）4254
発　売	株式会社三省堂書店/創英社
	〒101-0051　東京都千代田区神田神保町1-1
	TEL. 03（3291）2295
印刷／製本	シナノ印刷株式会社

ISBN978-4-905084-47-1